Sehen · Staunen · Wissen

DIE ERSTEN MENSCHEN

Feuersteindolch, Steinzeit, um 2000 v. Chr.

„Feuerzeug“: Feuerstein und Pyrit, Steinzeit

Münzen, Eisenzeit, um 50 v. Chr.-50 n. Chr.

Grabstock (Steinzeitgewicht mit neuem Stiel)

Tonbecher, um 2200 v. Chr.

Zügelring, Eisenzeit, um 150 v. Chr.-50 n. Chr.

Schwert, ausgehende Bronzezeit, um 950 v. Chr.

Tonscherbe, um 4000 v. Chr.

Mumifizierte Hand, Peru

Salbei

Sehen Staunen · Wissen

Mandeln

DIE ERSTEN MENSCHEN

Die faszinierende Vor- und Frühgeschichte der Menschheit
– von den ersten Höhlenbewohnern bis zur Eisenzeit

Kamm, Amazonas-Regenwald

Faustkeil aus Flint, Steinzeit, um 200000 v. Chr.

Feuerstelle

Pfeile, wie sie um 6000 v. Chr. benutzt wurden

Gerstenberg Verlag

Harpunenspitze aus Geweih

Geweihkamm zur
Bearbeitung von Fellen

Federgeschmückter Kamm,
Papua-Neuguinea

Die Deutsche Bibliothek – CIP-Einheitsaufnahme

Erlebnis Geschichte. – Hildesheim: Gerstenberg.
(Sehen, Staunen, Wissen: Die Jubiläumsedition)
ISBN 3-8067-4443-2

Die ersten Menschen: die faszinierende Vor- und Frühgeschichte
der Menschheit von den ersten Höhlenbewohnern bis zur Eisenzeit /
[Text von Nick Merriman. Fotogr.: Dave King.
Aus dem Engl. übers. und bearb. von Margot Wilhelmi]. –
Hildesheim: Gerstenberg, 1993
(Erlebnis Geschichte)
(Sehen, Staunen, Wissen: Die Jubiläumsedition)
Einheitssacht.: Early people <dt.>
ISBN 3-8067-4448-3
NE: Merriman, Nick; King, Dave; Wilhelmi, Margot [Bearb.]; EST
Die ersten Menschen. – 1993

Ein Dorling Kindersley Buch
Originaltitel: Eyewitness Guides: Early People

Projektleitung: Phil Wilkinson
Lektorat: Vicky Davenport
Layout und Gestaltung: Miranda Kennedy, Jane Owen
Fotografie: Dave King
Textbearbeitung und Beratung: Nick Merriman

Aus dem Englischen übersetzt und bearbeitet von Margot Wilhelmi,
Sulingen

Satz: Gerstenberg Druck GmbH, Hildesheim
Printed in Spain
ISBN 3-8067-4448-3
D.L.TO:800-1993

Spindel mit
Soay-Schafwolle

Pfeilspitzen aus Feuerstein,
um 2000 v. Chr.

Bronze-Armreif,
Eisenzeit,
um 50 v. Chr.

Inhalt

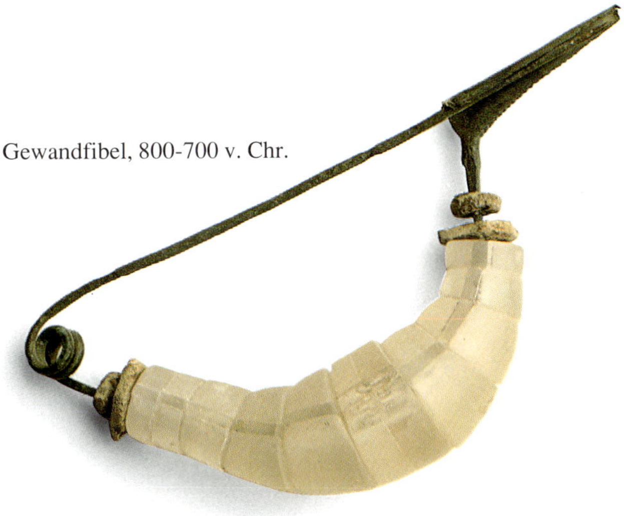

Gewandfibel, 800-700 v. Chr.

Mensch oder Affe?

Vor etwa 10 Millionen Jahren trat in Afrika eine langsame Klimaveränderung ein. Steppen entstanden, wo vorher Urwald war. Diese neue Umwelt erforderte die Anpassung an ein Leben auf dem Boden. Die Affenarten jener Zeit suchten in der Steppe nach eßbaren Pflanzen und Aas. Dabei waren Zusammenarbeit in der Gruppe, Verständigung und Weitergabe von Erfahrungen sowie die dafür erforderliche höhere Intelligenz von Vorteil. Der aufrechte Gang stellte eine weitere Anpassung dar: Zweibeiner konnten nun über das hohe Gras blicken und die Hände zu anderen Dingen als zum Laufen benutzen. So entwickelte sich langsam, in Jahrmillionen, der Mensch. Die Gruppe der *Hominini* unterscheidet sich von ihren affenähnlichen Vorfahren durch ein größeres Gehirn, aufrechten Gang und anderen Kiefer- und Zahnbau. Die erste Gruppe, bei denen diese Merkmale auftraten, sind die Australopithecinen („Südaffen“), die vor vier bis einer Million Jahren lebten.

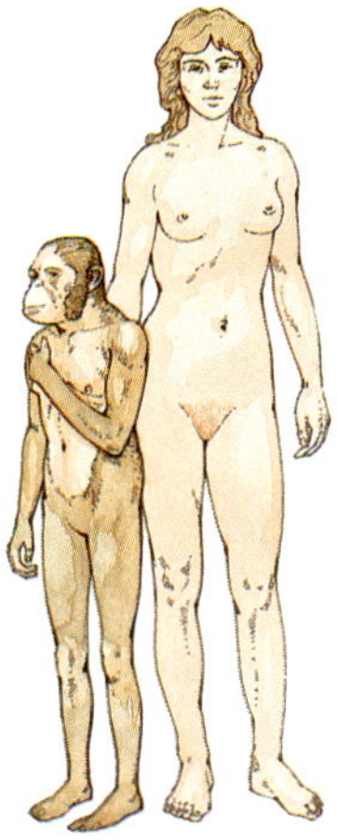

Der kleinste Australopithecus – hier neben einer neuzeitlichen Frau – war etwa so groß wie ein Schimpanse. Andere Arten waren so groß wie wir.

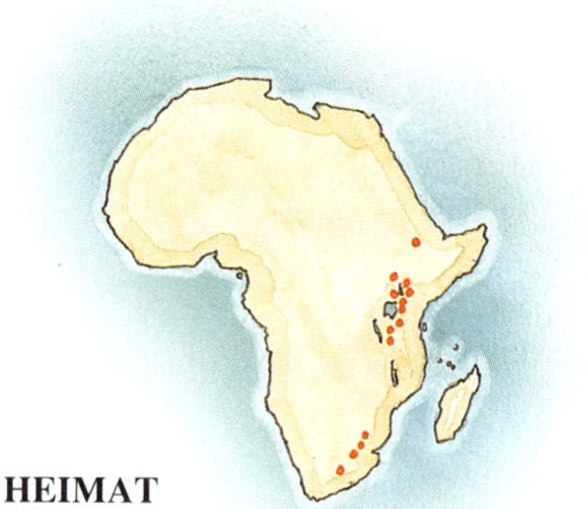

HEIMAT AFRIKA
Australopithecinen wurden nur in Ost- und Südafrika gefunden. Es ist noch unklar, ob dort der Ursprung der Menschheit liegt oder ob nur dort Fossilien erhalten sind.

ALTER VOGEL
Der Zwergflamingo war zur Zeit der ersten Menschen an ostafrikanischen Seen häufig.

ARME UND HÄNDE
Lucy konnte aufrecht gehen, ihre Hände waren beweglicher als die von Affen. Sie stellte noch keine Werkzeuge her, benutzte aber wahrscheinlich passende Steine als Hilfsmittel.

„LUCY“
1974 entdeckte man bei Ausgrabungen in Äthiopien das bis dahin älteste und vollständigste Skelett eines *Australopithecus*. Man nannte es „Lucy“, weil im Forschercamp gerade der Beatles-Song „Lucy in the sky with diamonds“ von einem Tonband erklang.

SPUREN IN DER ASCHE
1976 fand man hier die Fußabdrücke zweier Australopithecinen, eines Erwachsenen und eines Kindes. Sie waren nebeneinander über frische Vulkanasche gegangen, die später erhärtete.

IN DER STEPPE
Rekonstruktion einer Szene bei Laetoli in Ostafrika vor etwa 3,75 Millionen Jahren: eine Graslandschaft mit Seen und nur wenigen schattenspendenden Bäumen. Die frühen Hominiden durchstreifen die Savanne. Sie gehen aufrecht und können so über das hohe Gras blicken.

DER ÄLTESTE SCHÄDEL
Niedrige Stirn, Überaugenwülste, flache Nase und vorspringender Kiefer gaben dem *Australopithecus* ein affenähnliches Aussehen. Er unterschied sich von Affen durch eine weniger schnauzenförmige Mundpartie, andere Kieferform und Zahnkrone. Aufgrund dieser und weiterer Merkmale steht er dem Menschen näher als den Affen.

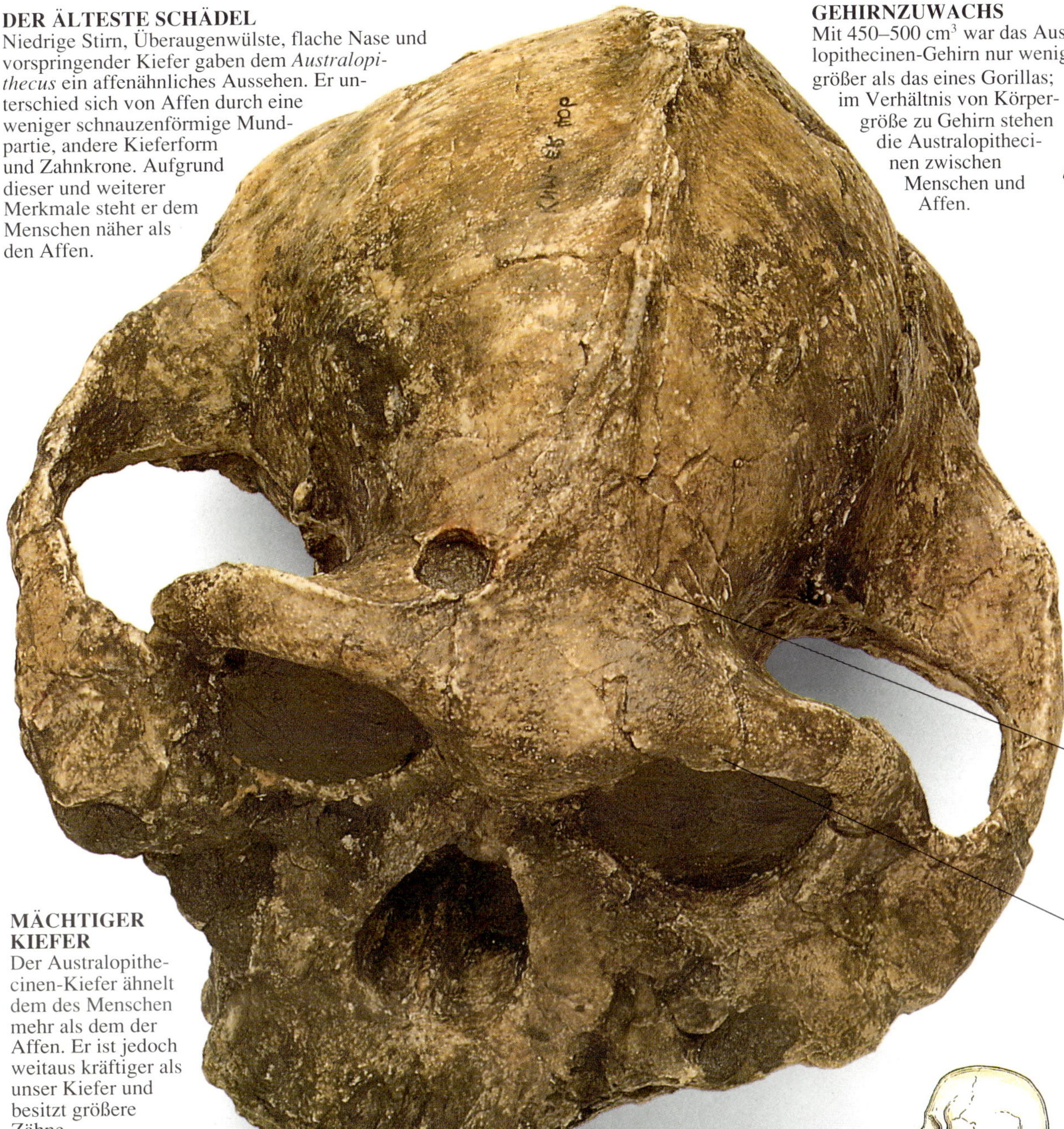

GEHIRNZUWACHS
Mit 450–500 cm^3 war das Australopithecinen-Gehirn nur wenig größer als das eines Gorillas; im Verhältnis von Körpergröße zu Gehirn stehen die Australopithecinen zwischen Menschen und Affen.

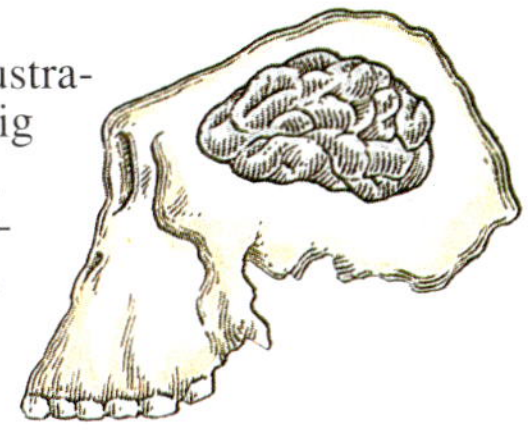

Gehirn eines *Australopithecus robustus*, einer größeren Art

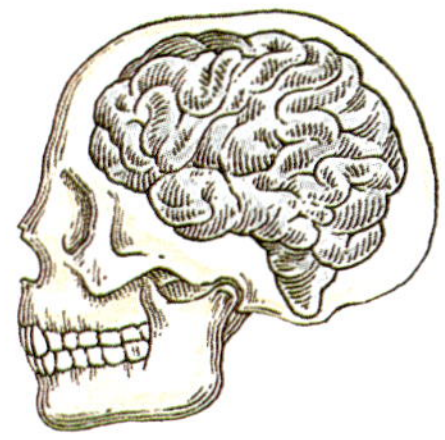

Das Gehirn des modernen Menschen ist mit etwa 1400 cm^3 absolut und im Verhältnis zum Körper sehr groß. Das Großhirn, Sitz der Intelligenz, ist besonders stark entwickelt.

MÄCHTIGER KIEFER
Der Australopithecinen-Kiefer ähnelt dem des Menschen mehr als dem der Affen. Er ist jedoch weitaus kräftiger als unser Kiefer und besitzt größere Zähne.

Aufrecht

Der Vergleich zwischen Menschen- und Gorillaskelett zeigt, warum sie aufrecht bzw. auf allen vieren gehen.

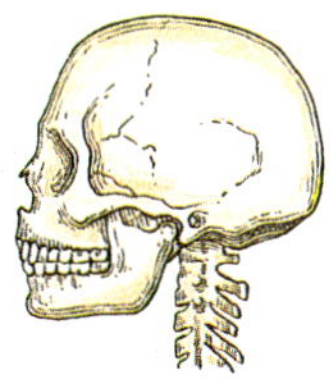

MENSCHENHALS
Der Mensch trägt den Kopf auf der Wirbelsäule.

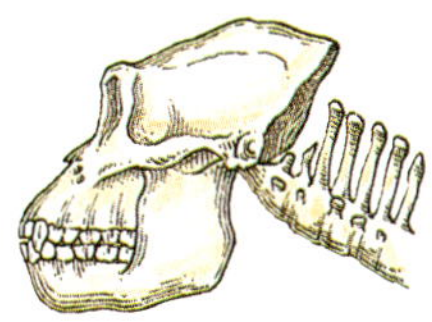

GORILLAHALS
Beim Gorilla hängt der Kopf schräg an der Wirbelsäule.

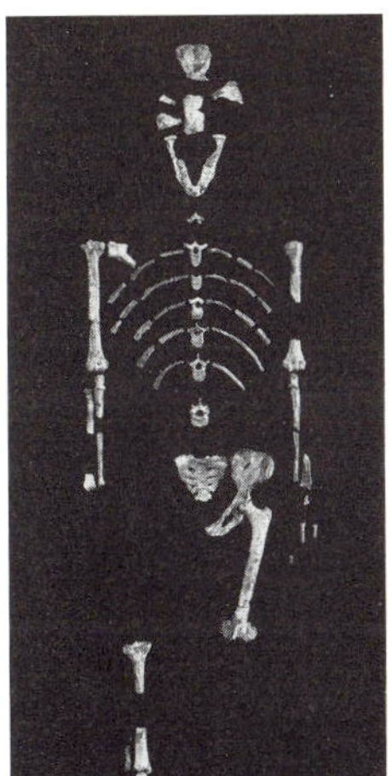

40% von Lucys Skelett wurden gefunden.

HISTORISCHE BEGEGNUNG
Zwei große Anthropologen bei einem Arbeitstreffen: Raymond Dart (links) fand 1924 den ersten Australopithecinen. Richard Leakey (rechts) setzt die Forschungsarbeit seiner Eltern in Ostafrika fort (S. 10).

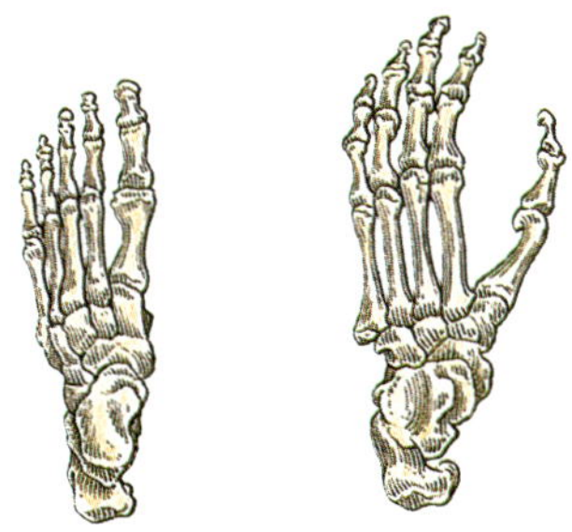

FÜSSE
Die große Zehe des Gorillas ist als Greifzehe abgewinkelt. Beim Menschen liegen alle Zehen parallel.

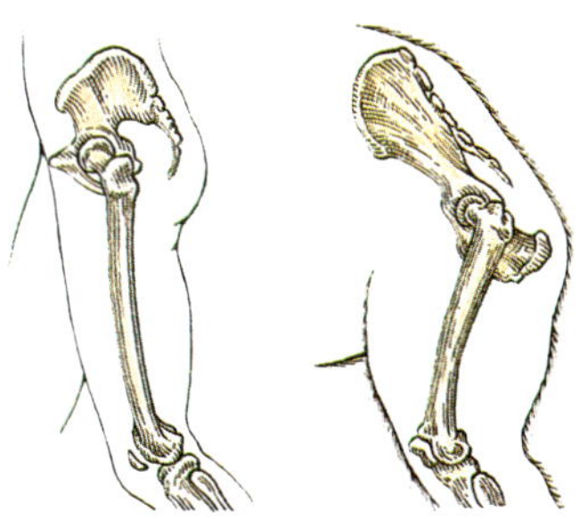

HÜFTBEIN
Das niedrigere, breitere Becken des Menschen ist an den aufrechten Gang angepaßt, das lange schmale des Gorillas nicht.

Prähistorisches Menü

Die Menschen der Vorzeit hatten eine enge Beziehung zu den Pflanzen und Tieren in ihrer Umgebung. Jahrtausendelange Erfahrung lehrte sie, welche Tiere sie jagen, welche Pflanzen sie essen und welche sie als Arznei einsetzen konnten. Uns ist heute viel von diesem Wissen abhanden gekommen. Das prähistorische Menü war weitaus abwechslungsreicher als unsere moderne Ernährung. Es beinhaltete auch viele Pflanzen, die wir heute als Unkraut abtun. Auch nach der Kultivierung von Getreide (S. 30–31) stellten Wildfrüchte, Nüsse, Fische und Vögel wichtige Nahrungsquellen dar. Die Nahrung konnte nur durch Trocknen, Einsalzen oder Einlegen haltbar gemacht werden, so daß die Jahreszeiten die Nahrungszusammenstellung sehr stark beeinflußten. Ein weiterer wesentlicher Unterschied zur modernen Ernährung war, daß es außer Honig kaum Süßes gab.

BRENNNESSELN
Aus jungen Brennesselblättern wurde eine Suppe gekocht. Bei der Käseherstellung ist Brennesselsaft hilfreich.

Weinraute

Katzenminze

ARZNEI
Viele Pflanzen sind nicht nur nahrhaft, sondern werden schon seit Jahrtausenden aufgrund medizinisch wirksamer Inhaltsstoffe als Arznei genutzt, Weinraute z. B. bei Kopfschmerzen, die Echte Katzenminze bei Erkältungen.

Weizenkörner

Steinzeitlicher Sammler und Jäger bei der Zubereitung einer Mahlzeit.

Löwenzahnblätter

Sonnenblumenkerne

BLATTSALATE
Die heute oft als Unkraut verschmähten Löwenzahnblätter wurden in prähistorischer Zeit als Salat gegessen.

Haselnüsse

Wacholderbeeren

Mandeln

Haselzweig

AUS DEN WÄLDERN
In den Wäldern wuchsen die verschiedensten Früchte. Nüsse waren aufgrund ihrer Lagerfähigkeit eine hervorragende Winternahrung. Vor allem Haselnüsse scheinen als Wintervorrat gesammelt worden zu sein. Obst wurde als Marmelade konserviert. Im Nahen Osten wurden zuerst die Körner des wilden Weizens gesammelt, später wurde die Pflanze in Kultur genommen. Wacholderbeeren dienten als Gewürz.

ARBEITSTEILUNG
Untersuchungen bei Naturvölkern lassen darauf schließen, daß die Sammler und Jäger der Vorzeit ein breites Nahrungsangebot nutzten. Jedes Mitglied der Familie trug seinen Teil zum Nahrungserwerb bei. Die Männer jagten Wild wie den abgebildeten Hirsch, die Hauptnahrung jedoch sammelten Frauen und Kinder: Nüsse und sonstige Pflanzennahrung, Eier, und vielleicht fingen sie Fische.

Weintrauben

OBST
Früchte waren vor allem für die Frühmenschen im Mittelmeerraum ein wichtiger Nahrungsbestandteil. Sie konnten getrocknet und aufbewahrt werden. Trauben konnten zu Wein vergoren werden.

Feigen

Datteln

Wachteleier

LACHS
Spätestens seit etwa 10.000 v. Chr. dienen lange Speere zum Lachsfang in europäischen Flüssen.

Griechisches Heu

Koriander

Kreuzkümmel

Senfkörner

WÜRZE DES LEBENS
Außer Salz, das mehr zur Haltbarmachung der Speisen als zum Würzen benutzt wurde, gibt es eine ganze Reihe von Gewürzen mit langer Geschichte. Manche, z. B. Koriander, wurden geschätzt, weil sie die Verdauung anregten.

Pfefferkörner

JAGD
Diese Höhlenmalerei zeigt Männer bei der Elchjagd.

Basilikum

Minze

Salbei

KRÄUTER
Kräuter dienten damals wie heute zum Würzen von Speisen.

Im Norden war Robbenfleisch ein wichtiges Nahrungsmittel.

GAREN VON FLEISCH
Fleisch konnte nach folgender Methode gekocht werden: Das Fleischstück wurde in Leder gewickelt, das Paket mit einem Zweig verschlossen und in einen Topf mit Wasser gelegt. Das Wasser wurde zum Kochen gebracht, indem man Steine hineinwarf, die man im Feuer bis zur Rotglut erhitzt hatte (S. 16–17). Meist aber wurde das Fleisch an einem Spieß über der Glut eines offenen Feuers geröstet oder auf im Feuer erhitzten Steinen in einer Grube gebraten.

Der geschickte Mensch

Vor etwa zwei Millionen Jahren entwickelte sich aus einem Australopithecinen-Vorfahren der Vertreter einer neuen Gattung, der Gattung *Homo*. Im Vergleich zum *Australopithecus* besaß *Homo* ein größeres Gehirn, ein menschenähnlicheres Gesicht und ein Becken, das sowohl besser an den aufrechten Gang angepaßt war als auch daran, Kinder mit größerem Kopfumfang zu gebären. Die ersten Vertreter der Gattung *Homo* konnten Werkzeuge herstellen und wurden deshalb *Homo habilis* („geschickter Mensch“) genannt. Die Werkzeugherstellung erfordert Erinnerungsvermögen, Vorausplanung und abstraktes Denken; sie markiert den Beginn der kulturellen Evolution und zeigt die einzigartige Fähigkeit des Menschen, sich aktiv an seine Umwelt anzupassen. Wahrscheinlich verfügte der *Homo habilis* auch über einfache Kommunikationsformen, mit deren Hilfe er sein Wissen weitergeben konnte. Die Werkzeuge wurden zum Schneiden von Fleisch und zum Zerschlagen von Knochen benutzt, um an das Knochenmark zu gelangen. Vielleicht jagte der *Homo habilis* schon, wahrscheinlicher aber ernährte er sich von Aas, in der Hauptsache aber von Pflanzen. Es gibt Hinweise dafür, daß er kleine Rundhütten baute, die ersten Gebäude der Erde. Er lebte in Ostafrika, verwandte Gruppen vielleicht auch in Südafrika und Südostasien.

STEINWERKZEUG
Gebrauch und Herstellung eines Werkzeuges sind zwei völlig verschiedene Dinge. Schimpansen können bestimmte Gegenstände als Werkzeuge benutzen und sie auch abwandeln, doch nur der Mensch kann mit Hilfe von Werkzeugen andere Werkzeuge herstellen. Dieses Steinwerkzeug stammt aus der Olduwai-Schlucht in Tansania.

DIE LEAKEYS
Seit fast sechzig Jahren forschen die Leakeys in Ostafrika. 1960 war die beharrliche Suche von Louis Leakey und seiner Frau Mary erfolgreich, als sie den ersten *Homo habilis* fanden und benannten. Ihr Sohn Richard (Foto), einer der bekanntesten Paläanthropologen, setzte ihre Arbeit in Äthiopien fort und fand noch viele Hominidenreste.

Die Piltdown-Fälschung

Anfang des Jahrhunderts suchten Paläanthropologen nach dem „missing link“, dem fehlenden Verbindungsglied zwischen Affen und Menschen. Zwischen 1912 und 1915 fanden der Amateur-Anthropologe Charles Dawson und später Sir Arthur Smith Woodward vom Britischen Museum in einer Kiesgrube bei Piltdown in Sussex einen Menschenschädel mit Affenkiefer. Jahrzehntelang wurde der „Piltdown-Mensch“ als echt angesehen, bis er sich 1953 als Fälschung entpuppte, deren Urheber bis heute unbekannt ist.

Sir Arthur Smith Woodward vom Britischen Museum

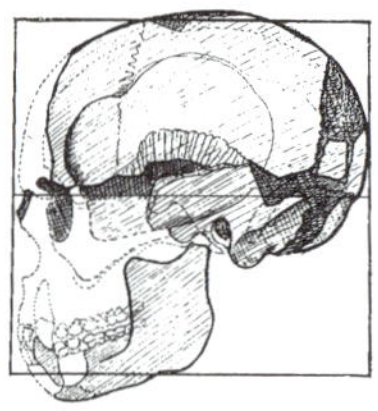

So stellte man sich einen vollständigen Piltdownschädel vor.

Diese alte Zeichnung eines Orang-Utans unterstreicht seine menschlichen Züge.

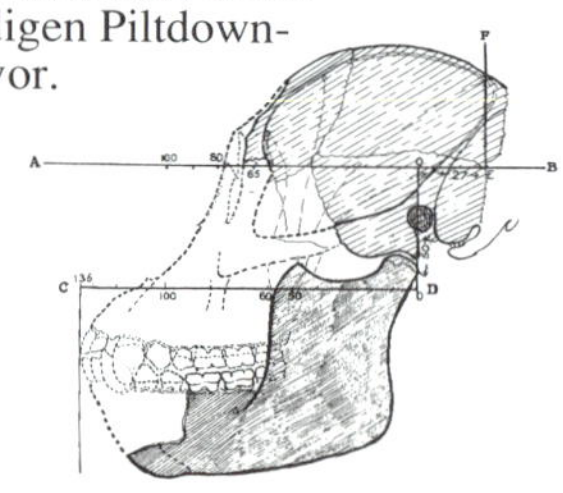

Orang-Utan-Schädel

PILTDOWN-REKONSTRUKTION
Die Wissenschaftler waren so erpicht darauf, endlich das „missing link“ zu finden, daß die Echtheit des Piltdown-Menschen sofort akzeptiert und Rekonstruktionen angefertigt wurden.

GEHIRNGRÖSSEN

Das Gehirn des *Homo habilis* (650–800 cm^3) war größer als das der Australopithecinen. Damit entwickelten sich auch geistige Fähigkeiten wie die Werkzeugherstellung. Dennoch war erst die halbe Größe des modernen menschlichen Gehirns erreicht.

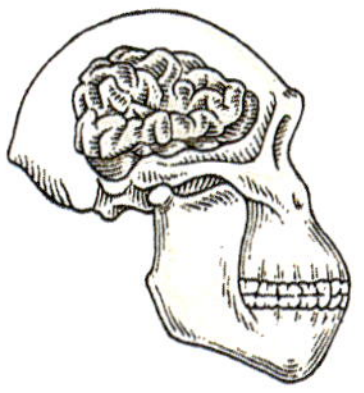

Australopithecinen-Gehirn

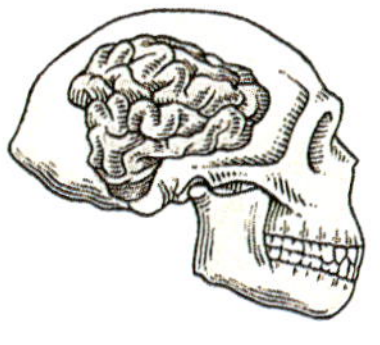

Habilis-Gehirn

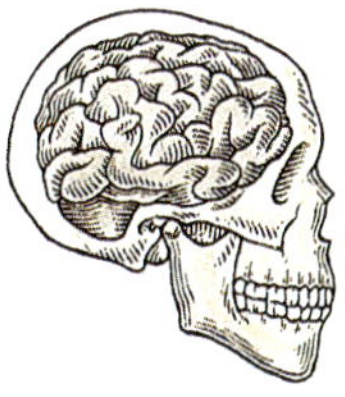

Gehirn eines modernen Menschen

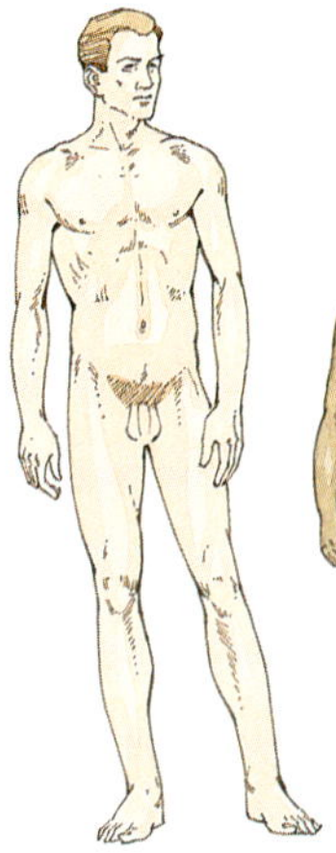

GRÖSSE UND FORM

Im Vergleich zum modernen Menschen war *Homo habilis* deutlich kleiner (er erreichte nur etwa 1,50 m) und sicherlich auch viel stärker behaart. Seine Füße waren, ebenso wie die unsrigen, vollständig an den aufrechten Gang angepaßt.

DER SCHÄDEL

Homo habilis besaß einen rundlicheren Kopf als die Australopithecinen und ein kleineres, längeres und schmaleres Gesicht. Der Kiefer war nicht so massig, die Zähne waren etwas kleiner und wie bei uns bogenförmig angeordnet. Die Abbildung zeigt den Abdruck eines Schädels aus der Olduwai-Schlucht.

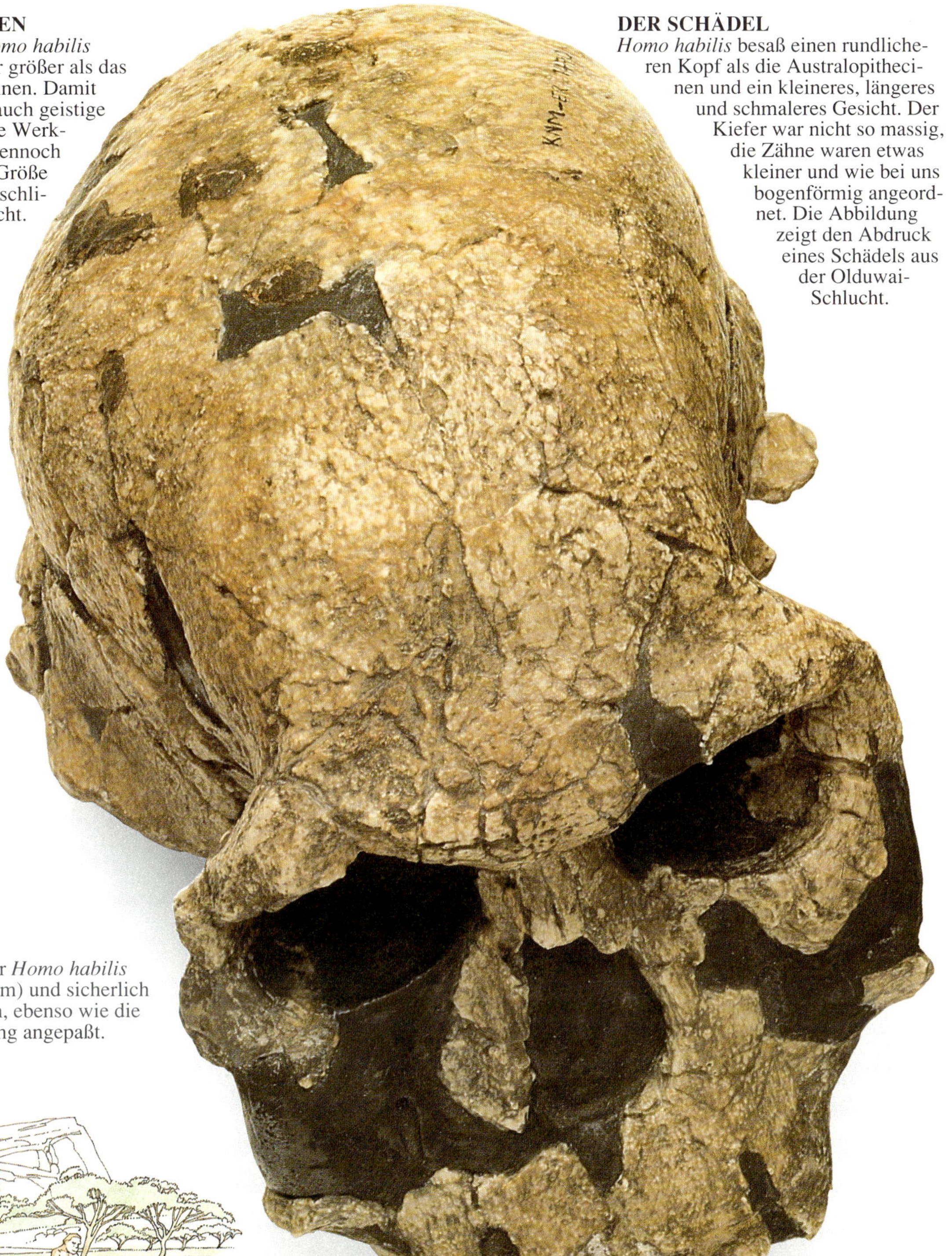

SCHUTZHÜTTEN

Nach den Funden in der Olduwai-Schlucht in Tansania wurde diese Szene (vor 1,8 Mio. Jahren) rekonstruiert. Das Lager wird in der Nähe eines Sees aufgeschlagen, an den die Tiere zum Trinken kommen. Im Vordergrund baut eine Gruppe von Habilinen eine Schutzhütte aus Zweigen, die von Steinen gehalten werden. Steinwerkzeuge werden hergestellt, Knochen von Tierkadavern liegen im Lager verstreut. Im Hintergrund zerlegen Männer einen alten Kaffernbüffel.

Flintwerkzeuge

Als erster Hominide fertigte *Homo habilis* einfache Werkzeuge aus verschiedenen Gesteinen (S.10–11). In Europa entdeckte man später, daß Feuerstein (Flint) sich am besten zur Werkzeugherstellung eignet. Funde belegen den Gebrauch von Flintwerkzeugen vor über einer halben Million Jahren. Der Vorteil von Feuerstein ist, daß beim Abschlagen gleichmäßige Splitter („Abschläge“) abspringen. Größe und Form der Abschläge können bei geschicktem Behauen variiert werden. Man erhält so verschiedenartige Werkzeuge. Durch seine glasähnliche Beschaffenheit ergeben sich beim Flint scharfe Kanten, die durch neuerliches Abschlagen geschärft werden können. Feuerstein gibt es fast überall in größeren Mengen, allerdings muß er mancherorts aus Kreideschichten geborgen werden. Die ersten Werkzeuge entstanden durch Abschlagen kleiner Stücke von einem Flintklumpen („Kernwerkzeuge“). Später wurden die abgeschlagenen Splitter zu feineren Werkzeugen („Abschlagwerkzeugen“) weiterverarbeitet.

“MADE IN BRITAIN”
Dieser etwa 250.000 Jahre alte Faustkeil stammt aus Swanscombe, einer der ältesten archäologischen Stätten in Großbritannien und Fundort des ältesten britischen Schädels.

STEINHAMMER
Ein Steinhammer (oben) war das einfachste Werkzeug zur Flintbearbeitung. Beim Abschlagen mit einem solchen Stein sprangen große Stücke vom Flintrohling ab.

GEWEIHHAMMER
Zum Abschlagen feinerer Splitter diente ein leichter Hammer aus Knochen oder Geweih.

KERNWERKZEUG
Die erste Werkzeuggeneration bestand aus behauenen Steinklumpen („Kernen“).

1 **FORMGEBUNG**
Zuerst wurde ein geeigneter Feuersteinklumpen durch Behauen grob in Form gebracht.

2 **SPLITTER ABSCHLAGEN**
Mit einem Steinhammer wurde vom Rand des grob behauenen Feuersteins ein großer Splitter abgespalten.

3 **ENDBEHANDLUNG**
Die Kante der Flintaxt wurde abschließend mit einem Knochenhammer behauen.

ABSCHLAG-WERKZEUGE
Solche langen dünnen Klingen wurden durch Behauen eines flachen Splitters mit einem Knochenhammer entlang der Kante hergestellt.

SCHNEIDWERKZEUG
Zu den ältesten Steinwerkzeugen der Erde gehört dieses etwa 200 000 Jahre alte Hackmesser aus Ägypten. Es läßt sich leicht umgreifen, das spitze Ende diente wahrscheinlich zum Schneiden von Pflanzen und Häuten.

„Moderne Steinwerkzeuge"

Mit der Besiedlung Australiens durch die Europäer kamen die Ureinwohner mit Produkten der westlichen Industriegesellschaft in Kontakt. Sie fanden schnell heraus, daß sich einige Materialien, z. B. Flaschenglas und Telegraphenisolatoren, noch besser als Feuerstein bearbeiten ließen. Mit altertümlichen Werkmethoden stellten sie aus den für solche Zwecke ungewöhnlichen modernen Werkstoffen hübsche, bunte Lanzen- und Pfeilspitzen her.

Lanzenspitze aus Keramik.

Lanzenspitze aus Bierflaschenglas.

Pfeilspitze aus Isolatorenmaterial

Pfeilspitze aus blauem Glas

WERKZEUGMACHER
Diese Darstellung zeigt Herstellung und Gebrauch verschiedener Flintwerkzeuge.

ÄGYPTISCHER FAUSTKEIL
Dieser Faustkeil aus einer Zeit vor der Entstehung „richtiger" Menschen wurde in der Wüste westlich von Theben in Ägypten gefunden.

ZWEITE WAHL
Wo Feuerstein fehlte, diente anderes Gestein als Werkstoff. Dieses Werkzeug aus Nubien besteht aus Quarz.

Ovale Form läßt auf Verwendung als Hackwerkzeug schließen.

HACKE
Dieses ovale Hackwerkzeug kommt aus Warren Hill in Suffolk, England.

Ausbreitung nach Norden

Vor etwa 1,6 Millionen bis vor 200 000 Jahren lebte der *Homo erectus*. Mit einem größeren Gehirn und kräftigerem Körperbau als der *Homo habilis* (manche *Erectus*-Menschen waren so groß und so schwer wie wir) war er in mehrfacher Hinsicht fortschrittlicher als die *Habilis*-Menschen: er fertigte und benutzte mehr verschiedene Werkzeuge und machte sich das Feuer nutzbar. Das Feuer spielte eine zentrale Rolle im Familienleben, es wärmte die Menschen und ermöglichte das Kochen der Nahrung, es hielt Raubtiere ab und wurde zur Jagd benutzt: mit Feuer konnte man Tiere in eine Falle treiben. Diese Fähigkeiten und die sie bedingende größere Verstandesleistung ermöglichten den *Erectus*-Menschen, sich neue Lebensräume zu erschließen. Sie waren die ersten Menschen, die nicht nur in Afrika, sondern auch in Asien und Europa vorkamen. Dort hat man die meisten Fossilien gefunden. Unter den neuen Umweltbedingungen – die härtesten herrschten im eiszeitlichen Europa – erfolgte eine langsame Anpassung an regionale Gegebenheiten. Über Millionen von Jahren entstanden unterschiedliche Formen des *Homo erectus* in den verschiedenen Regionen der Erde.

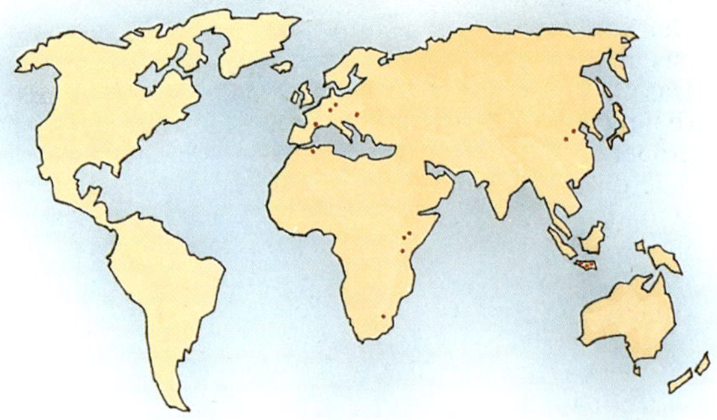

DIE AUSBREITUNG VON *HOMO ERECTUS*
Die Ursprünge des *Homo erectus* liegen wohl in Afrika. Doch man fand auch Fossilien weit entfernt von dort, in China und Java. Die Besiedlung dieser Gebiete erfolgte in kleinen Schritten, indem jede neue Generation sich etwas weiter von der Heimat der Väter entfernte.

WOLLNASHORN
Der *Homo erectus* lebte bis weit in die Eiszeit hinein. In Europa wechselten damals in Abständen von Jahrtausenden Kalt- und Warmzeiten (S. 18–19). Das Wollnashorn war ein an kaltes Klima angepaßter Großsäuger und wahrscheinlich ein Beutetier des *Homo erectus*.

FEUERPFLUG
Die ersten Hominiden haben sich wahrscheinlich nur gelegentlich des Feuers bedient, wenn es durch Blitzschlag entstanden war; erst der *Homo erectus* hat es selbst (mit einem einfachen Werkzeug wie dem abgebildeten) entzündet und gezielt genutzt.

FEUERMACHER
Die Zeichnung zeigt eine Gruppe von *Homo erectus*-Menschen vor einer Höhle, die ihnen als Unterschlupf dient. Auf der rechten Seite stellt ein Mann einen Faustkeil her, indem er mit einem Steinhammer Splitter von einem Feuersteinbrocken abschlägt (S. 12). Die Frau vorn links schürt ein Feuer, das mit Steinen als Windschutz umgeben ist. Die Menschen im Hintergrund zerlegen mit Faustkeilen ein Tier, das sie erlegt haben. Die Fleischstücke sollen über dem offenen Feuer gebraten werden.

MENSCHLICHE ZÜGE

Der Schädel des *Homo erectus* ist in mehrfacher Hinsicht dem des modernen Menschen ähnlicher als der des *Homo habilis*. Das Gehirn ist mit einem Volumen von 800 bis 1100 cm^3 (beim modernen Menschen durchschnittlich 1400 cm^3) größer als beim *Homo habilis*. Die Zähne sind kleiner. Allerdings gibt es auch noch viele Unterschiede zum modernen Menschen: dickere Schädelknochen; flache, fliehende Stirn; große Überaugenwülste; der Kiefer ist noch recht massig, das Gesicht flach und kinnlos. Kräftigere Knochen werden von kräftigeren Muskeln bewegt, die an deutlich sichtbaren Knochenwülsten ansetzten.

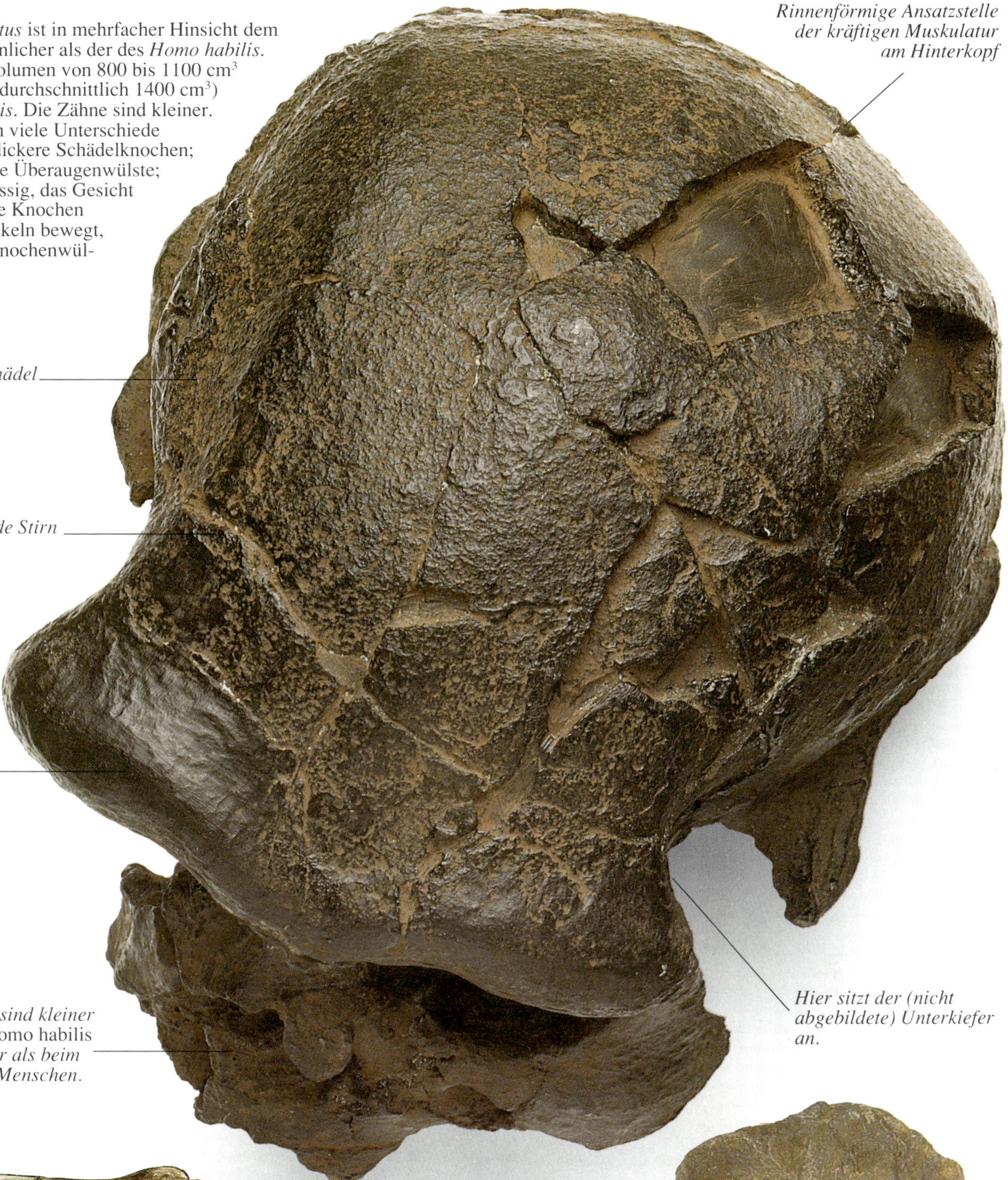

Rinnenförmige Ansatzstelle der kräftigen Muskulatur am Hinterkopf

Langer, flacher Hirnschädel

Flache, fliehende Stirn

Starker Überaugenwulst

Die Zähne sind kleiner als beim Homo habilis *aber größer als beim modernen Menschen.*

Hier sitzt der (nicht abgebildete) Unterkiefer an.

ERFINDER DES FAUSTKEILS

Faustkeile waren die typischen Werkzeuge des *Homo erectus*. Das dicke Ende wurde in der Faust gehalten, mit den spitzen, scharfen Enden wurden Wurzeln ausgegraben oder Fleisch geschnitten. In der Alten Welt waren Faustkeile verbreitet und wurden eineinhalb Millionen Jahre lang benutzt.

BELEGE FÜR FEUERSTELLEN *oben und rechts*
Die ersten Belege für die Nutzung des Feuers durch den Menschen stammen aus einer Höhle bei Choukou-tien nahe Peking. Dort fand man eine große Anzahl von Überresten des *Homo erectus*, die bis zu 360 000 Jahre alt waren. Dicke Ascheschichten weisen auf immer wieder benutzte Feuerstellen hin, ebenso Holzkohlenstücke (rechts) und verkohlte Tierknochen (oben).

Zähmung des Feuers

FEIER IN DER EISZEIT
Feueranzünden in der Eiszeit, vor etwa 200 000 Jahren: Ein Feuerquirl wird mit der Hand schnell gedreht, bis sich das Bohrmehl im Reibebrett entzündet. Der Funke springt auf das trockene Feuerholz über.

Eine der wichtigsten Errungenschaften der Frühmenschen war der Umgang mit dem Feuer. Es spendete nicht nur Wärme bei Temperaturen, die im Durchschnitt wesentlich tiefer waren als heute, sondern hielt auch wilde Tiere ab, diente zur Nahrungszubereitung und zum Härten hölzerner Speerspitzen. Bevor die Menschen selbst Feuer machen konnten, nutzten sie wahrscheinlich natürliche, z. B. durch Blitzschlag entstandene Feuer. Als sie entdeckten, daß man durch Aneinanderreiben zweier Stöcke Funken und damit Feuer erzeugen konnte, war dies ein großer Schritt vorwärts. Die frühesten Belege für Feuer sind etwa eine Viertelmillion Jahre alt. Da aus dieser Zeit keine Gegenstände zum Feueranzünden erhalten sind, sind die Anthropologen auf Beobachtungen bei jüngeren Naturvölkern angewiesen, die wahrscheinlich ähnliche Methoden zum Feuermachen haben, wie unsere Vorfahren vor langer, langer Zeit.

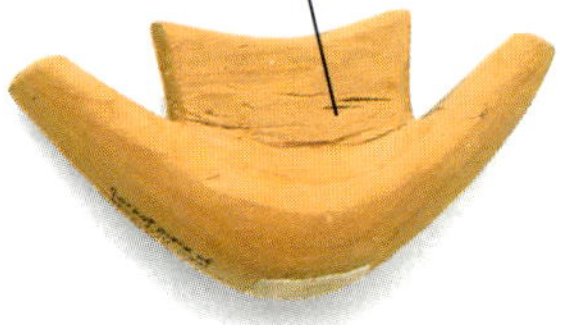

BOGENFEUER-BOHRER
Der Lederbogen dieser Rekonstruktion erleichtert das schnelle Drehen des Quirls. Durch die Reibung entsteht Hitze zum Entzünden des Feuers.

Benutzung eines Bogenfeuerbohrers

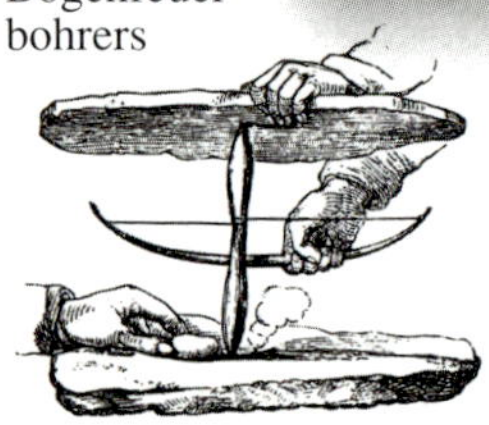

REIBHOLZ
Dieses einfache Reibholz aus Akamba, Kenia, zeigt die Funktionsweise. Durch schnelles Drehen des Quirls fängt das Holzmehl im Bohrloch an zu glühen und zu brennen.

Drehen des Quirls

RUND UMS FEUER
Bei den Feuerstellen der ersten Feuermacher wurde der mit dem Reibholz entzündete Zunder auf einen Haufen aus Heu und trockenen Zweigen gelegt. Größere Holzstücke wurden zugelegt, wenn das Feuer brannte. Ein Steinring umgrenzte die Feuerstelle.

ZWEI TROCKENE STÖCKE
In der Steinzeit, vor der Erfindung des Reibholzes, wurde Feuer durch Aneinanderreiben zweier trockener Stöcke entfacht. Mit Reisig wurde es in Gang gehalten.

Wenn das Feuer brannte, wurde Holz nachgelegt.

Die heißen Steine konnten zum Wasserkochen verwandt werden.

AFRIKANISCHE FEUERMACHER
Noch bis zum Beginn dieses Jahrhunderts benutzten einige afrikanische Völker das Reibholz. Aus Untersuchungen bei diesen Völkern stammt viel von unserem Wissen über die Kunst des Feuermachens.

Leben in der Eiszeit

In der „Eiszeit“ wechselten sich mehrere Kalt- und Warmzeiten ab, von denen jede mehrere zehntausend Jahre dauerte. Während mancher dieser Wärmeperioden war es wärmer als heute, und Nordeuropa war nur zeitweilig – während der Kaltzeiten – von Gletschern bedeckt. Die *Homo erectus*-Menschen waren die ersten, die bis ins nördliche Europa vordrangen, wahrscheinlich aber nur in den Warmzeiten. Vor etwa 250 000 Jahren begann der langsame Anpassungsprozeß an kältere Klimazonen und etwa 150 000 Jahre später trat als Unterart des modernen Menschen der *Homo sapiens neanderthalensis* auf. Er ähnelte dem heutigen Menschen schon sehr stark, und ein Neandertaler in moderner Kleidung würde heute wohl kaum auffallen. Er wäre nur etwas kleiner, kräftiger und untersetzter als der heutige Durchschnittsmensch. Die Neandertaler aus dem Mittelmeergebiet sahen sogar noch neuzeitlicher aus. Bei den Neandertalern finden wir zuerst das, was man „menschliche Regungen“ nennt: sie sorgten für Kranke und Schwache, bestatteten ihre Toten und hatten wahrscheinlich auch eine Art von Religion. Vor etwa 35 000 Jahren wurde der Neandertaler ganz plötzlich vom Menschen in seiner heutigen Gestalt, vom *Homo sapiens sapiens* abgelöst, der sich inzwischen im wärmeren afrikanischen Klima entwickelt hatte. Er besiedelte weite Teile der Erde, darunter auch das endeiszeitliche Europa und sogar Australien.

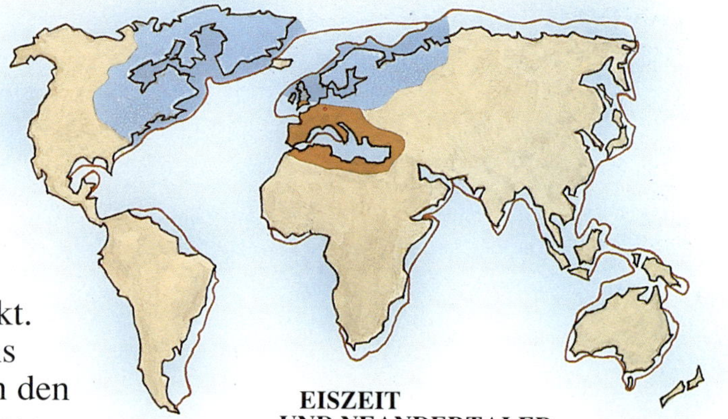

EISZEIT UND NEANDERTALER
Diese Karte zeigt die größte Ausdehnung der eiszeitlichen Gletscher (blau), das durc das damit verbundene Absinken des Meeresspiegels freiliegende Land sowie die Verbreitun des Neandertalers über 60 000 Jahre. Der rote Punkt markiert die erste (1856) Fundstelle eines Neandertalers, das Neandertal bei Düsseldorf.

HÜTTEN IN DER TUNDRA
Als *Homo sapiens sapiens* die russische Tundra besiedelte, baute er ähnliche Hütten wie der Neandertaler. Diese Rekonstruktion zeigt eine bei Pushkari ausgegrabene Behausung. Sie bestand aus zusammengenähten Häuten, die über einen Rahmen aus Pfählen gespannt und mit Mammutknochen beschwert waren.

MAMMUT-KNOCHENHÜTTEN
In Rußland, in der Ukraine, fand man aufsehenerregende Spuren von Neandertalerhütten. Sie bestanden aus Tierhäuten auf einem Gerüst aus Ästen und Mammutknochen. Die Außenseite war mit weiteren Mammutknochen beschwert.

NEANDERTALERGARDEROBE
Die Neandertaler waren wahrscheinlich die ersten Menschen, die ständig Kleidung zum Schutz vor Kälte trugen. Zur Herstellung der Kleidung wurden Tierhäute ausgebreitet und mit Faustkeilen von Fett und Sehnen befreit. Nach dem Trocknen wurde aus den Fellen das entsprechende Kleidungsstück genäht.

WERKZEUGHERSTELLUNG
Die vielfältigen feinen Werkzeuge der Neandertaler sind weitaus fortschrittlicher als die des *Homo erectus* und erfüllten die unterschiedlichsten Aufgaben. Als Material dienten Knochen und Geweih sowie Feuerstein.

LEBEN IN DER KÄLTE
Die Neandertaler waren gut an das Leben im kalten Klima angepaßt. Ihre Lebensweise mag ähnlich wie die mancher Eskimos (S. 20/21) gewesen sein. Sie lebten wahrscheinlich in Großfamilien zusammen, jedem Familienmitglied kamen bestimmte Aufgaben zu. Die dargestellte Szene zeigt den vielfältigen Alltag dieser ersten echten Menschen.

NEANDERTALERSCHÄDEL
Der klassische Neandertalerschädel ist flacher, länger und breiter als der Schädel des heutigen Menschen. Ausgeprägtes Kinn, hervorstehende Wangenknochen (Jochbein) und ausgeprägte Überaugenwülste sind ebenfalls typisch. Das Gehirnvolumen übertraf in einigen Fällen den heutigen Durchschnitt. Auch ein begrenztes Sprachvermögen gilt als wahrscheinlich.

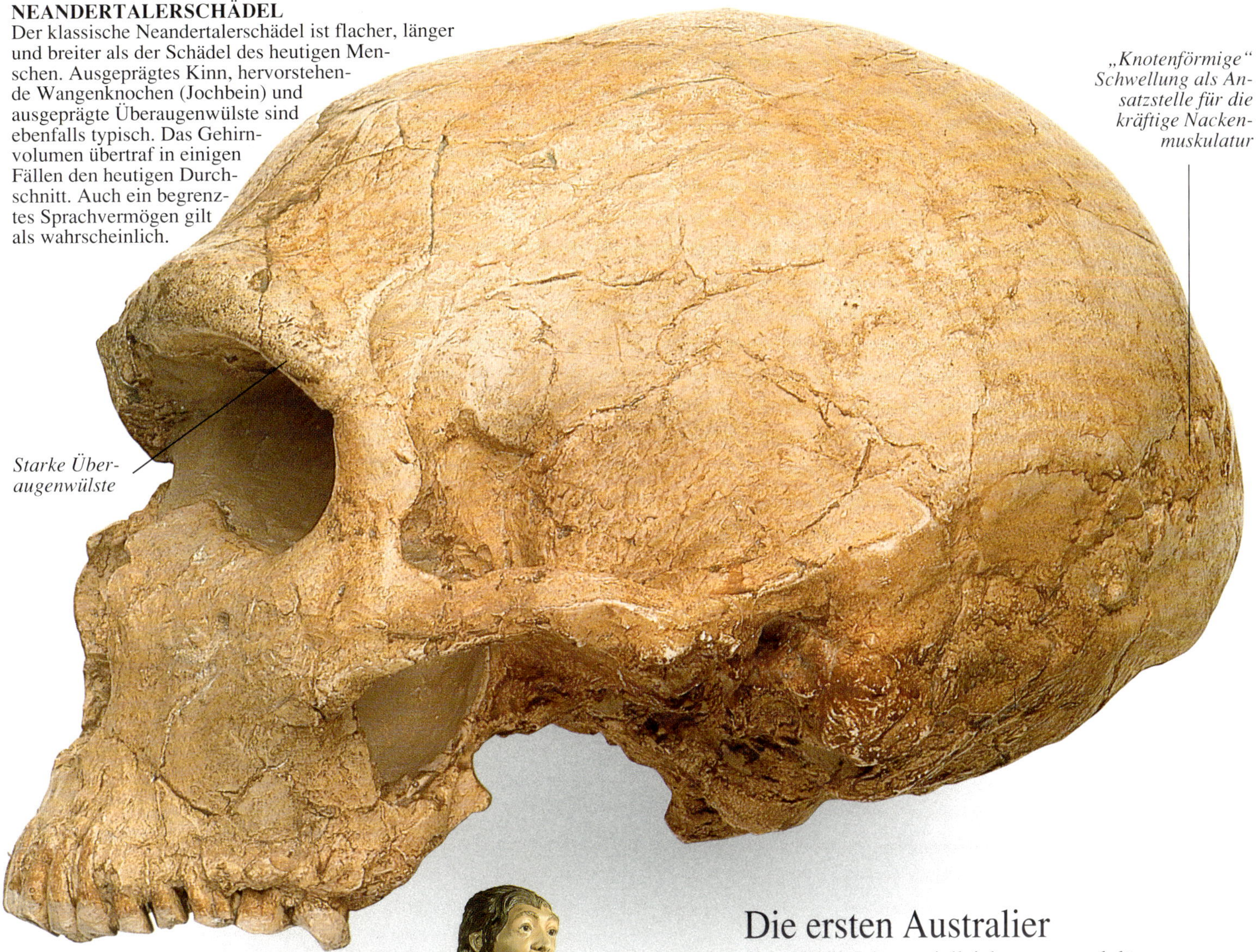

Die ersten Australier

Seit 40000 Jahren, vielleicht sogar noch länger, leben Menschen in Australien. Die ersten Funde stammen von *Homo sapiens*-Vertretern, die Australien mit Booten oder Flößen von Südostasien aus erreichten. Spätere Funde mit urtümlicheren Merkmalen legen die Besiedlung durch verschiedene Gruppen nahe.

Bis vor 200 Jahren lebten die australischen Ureinwohner wie in der Steinzeit.

SCHABER
Die Neandertaler konnten eine Vielzahl von Steinwaffen und -werkzeugen herstellen. Dazu benutzten sie die Abschläge vorbehandelter Steine (Abschlagwerkzeuge, S. 12). Die Abbildung zeigt einen Flintschaber zur Lederbearbeitung.

DIE „TABUN-FRAU"
Diese Rekonstruktion einer Neandertal-Frau basiert auf einem Fund in Israel. Die starken Überaugenwülste und der kräftige Kiefer sind deutlich erkennbar.

WASSERFAHRZEUG
Die ersten Menschen kamen wahrscheinlich mit einem Floß oder einem einfachen Kanu wie diesem nach Australien. Der Meeresspiegel war zu jener Zeit etwa 50 m tiefer als heute, das Festland somit nur etwa 65 km entfernt.

Australischer Ureinwohner

Eiszeitliche Jäger

Aus der Eiszeit (vor 2 Millionen bis 15 000 Jahren) kennt man abgesehen von einigen Stein- und Knochengegenständen eiszeitlicher Jäger kaum Funde. Es gibt einige Anhaltspunkte, wie Kleidung und Behausung der damaligen Menschen ausgesehen haben (S. 18-19), aber keine direkten Zeugnisse ihrer Lebensweise. Doch durch Untersuchungen bei Naturvölkern, die unter ähnlichen klimatischen Bedingungen leben, kann man Aufschluß darüber erhalten, wie das Leben in der Eiszeit ausgesehen haben mag. Die Inuit (allgemein eher unter dem indianischen Schimpfnamen Eskimo bekannt, was soviel wie „Rohfleischesser“ bedeutet) an den Küsten Grönlands und Nordamerikas leben schon seit Jahrtausenden in Gebieten, wo selbst das Meer einen Großteil des Jahres zugefroren ist. Mittlerweile haben sie zwar viele nützliche Errungenschaften der westlichen Zivilisation übernommen, doch bis zum Ende des letzten Jahrhunderts war die Lebensweise der Inuit der der eiszeitlichen Fischer und Jäger wohl noch sehr ähnlich.

TREIBEIS
Diese Zeichnung vermittelt einen Eindruck von der Arktischen Landschaft mit Eisbergen und schneebedeckten, spärlich bewachsenen Hügeln.

JAGD MIT BOOTEN
Schon immer haben die Eskimos verschiedene Tiere des Meeres und der Flüsse gejagt. Im Sommer fangen sie die ablaichenden Fische mit Netz oder Speer und jagen Karibus, im Winter Robben, die sie entweder durch ein Loch im Eis mit dem Speer erlegen oder mit Harpunen von Booten aus. Sie benutzen zwei Arten von Lederbooten, den oben geschlossenen Kajak und den größeren oben offenen Umiak. Manchmal gelingt es einer kleinen Flotte sogar, einen Wal zu töten, wie die oben abgebildeten Knochenzeichnungen zeigen.

PFEILSTRECKER
Gerade Pfeile sind für die Zielgenauigkeit beim Schießen unbedingt erforderlich. Dieser Strecker hat die Form eines knienden Karibus.

WAFFENARSENAL
Harpunen und Speere werden von den Inuit zur Bootsjagd benutzt, Pfeile nur an Land.

KAJAK
Dieser Modell-Eskimokajak ist mit einem vollständigen Satz von Speeren und Harpunen ausgestattet. Die mit einer Durchzugskordel gesicherte wasserdichte Spritzdecke um die einzelnen Personen verhindert das Eindringen von Wasser.

HARPUNENSPITZEN
Damit sie im Fleisch steckenbleiben, besitzen diese Harpunenspitzen aus Elfenbein Widerhaken. Die Harpune hängt an einer Leine, damit das getroffene Tier nicht entkommen kann.

LANGSTRECKENWAFFE
Der Speer funktioniert ähnlich wie die Harpune, wird aber aus größerer Entfernung geworfen.

WALFÄNGERWAFFE
Diese großen Harpunen werden vom Boot aus auf Walrosse oder Wale geschleudert. Verfehlt die Harpune ihr Ziel, hält die Blase sie über Wasser, und der Jäger kann sie wieder einholen.

AUF DER LAUER
Wenn das Meer zugefroren ist, müssen die Seehunde an Löchern im Eis zum Atmen auftauchen. An solchen Löchern warten die Jäger, bis ein Tier zum Vorschein kommt.

SCHNEEMESSER
Diese beiden Messer wurden zum Schneiden von Eisplatten zum Iglubau hergestellt. Die Verzierungen zeigen verschiedene Szenen mit Jägern, Tieren und Häusern.

SCHNEEBRILLE
Diese Brille schützt ihren Träger vor Schneeblindheit.

SCHNITZEREIEN
Hier graviert ein Eskimokünstler nach alter Tradition ein Stück Elfenbein mit einem Messer.

KNOCHEN-MESSER
Die Inuit sind sorgsam darauf bedacht, möglichst alle Teile eines Tieres zu verwerten. Aus den Knochen werden Werkzeuge und Waffen hergestellt. Der Schaft des linken Messers ist mit Darm umwikkelt und läßt sich so besser halten.

Der moderne Mensch

HANDMALEREI
Vor etwa 20 000 Jahren entstand dieser Negativabdruck einer Hand in einer Höhle in Peche-Merle, Frankreich. Jemand hatte seine Hand auf die Höhlenwand gelegt und darüber gemalt. Die Hand als der Körperteil, der Werkzeuge gebraucht und Signale gibt, besitzt starke Symbolkraft.

Die meisten Experten glauben, daß die Unterart, der wir angehören, *Homo sapiens sapiens*, vor etwa 100 000 Jahren in Afrika entstand. Vor etwa 30 000 Jahren war *sapiens* mit Ausnahme Amerikas über die ganze Welt verbreitet, und vor etwa 11 000 Jahren hatte er alle Gebiete außer der Antarktis besiedelt. Durch Vermischung mit den ortsansässigen Völkern könnten die verschiedenen Menschenrassen entstanden sein. *Homo sapiens sapiens* entwickelte verschiedene Fähigkeiten und Verhaltensmuster weiter, die sich schon beim Neandertaler andeuteten. Wortsprache und Kunst prägten zunehmend das Leben des Menschen. Die Toten wurden sorgsam bestattet, Religionen und Vorstellungen über das Leben nach dem Tode beeinflußten Denken und Handeln. Die Jagdmethoden wurden perfektioniert. Spätere Entwicklungen der Menschheit – Ackerbau, Zivilisation, enormer Bevölkerungszuwachs und Industrialisierung mit all ihren Auswirkungen auf die Natur – spielten sich in einem relativ kurzen Zeitabschnitt von zehntausend Jahren ab.

„Venus" von Willendorf, Österreich. Abdruck einer Steinfigurine

Stilisierte Frauengestalt aus Korsika, um 3500 v. Chr.

KUNSTWERKE
Zwar zeigten die Neandertaler erste künstlerische Fähigkeiten, indem sie einfache Bilder in Knochen ritzten, doch erst *Homo sapiens sapiens* entwickelte ausgefeilte malerische und bildhauerische Techniken.

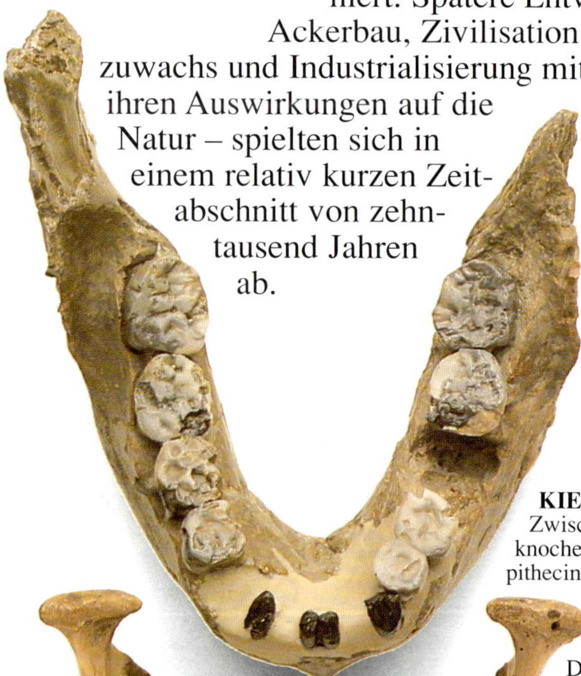

Kiefer eines *Australopithecus*

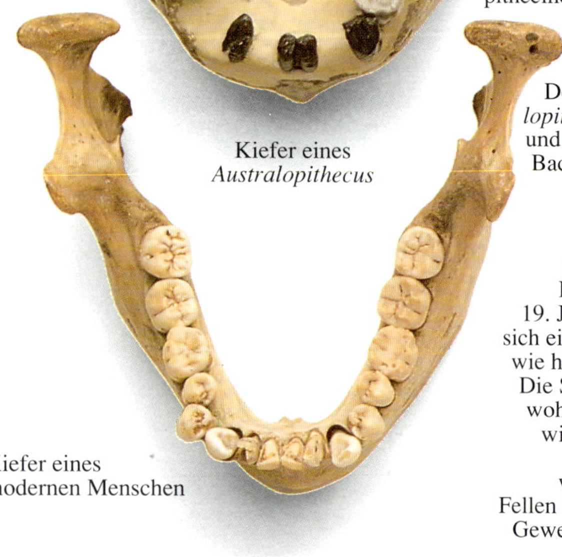

Kiefer eines modernen Menschen

KIEFER
Zwischen diesen Kieferknochen eines Australopithecinen und eines modernen Menschen liegen bis zu drei Millionen Jahre. Der Kiefer des *Australopithecus* ist viel größer und besitzt größere Backenzähne.

SCHNITZKUNST
Die Illustratoren des 19. Jahrhunderts stellten sich eiszeitliche Bildhauer wie heutige Eskimos vor. Die Schnitzereien waren wohl nicht so ausgefeilt wie das Bild andeutet, doch die Menschen waren sicherlich mit Fellen bekleidet und benutzten Geweihe als Schnitzmaterial.

UND ENDLICH – WIR!
Der Schädel des modernen Menschen unterscheidet sich von dem des Neandertalers in einigen wesentlichen Merkmalen. Die Überaugenwülste sind nur leicht angedeutet; statt dessen prägen nun eine steile, breite und hohe Stirn und tiefliegende Augen das Gesicht. Nase und Kiefer sind kleiner, die Zähne stehen enger zusammen. Dadurch wirkt das Gesicht eher flächig als vorspringend.

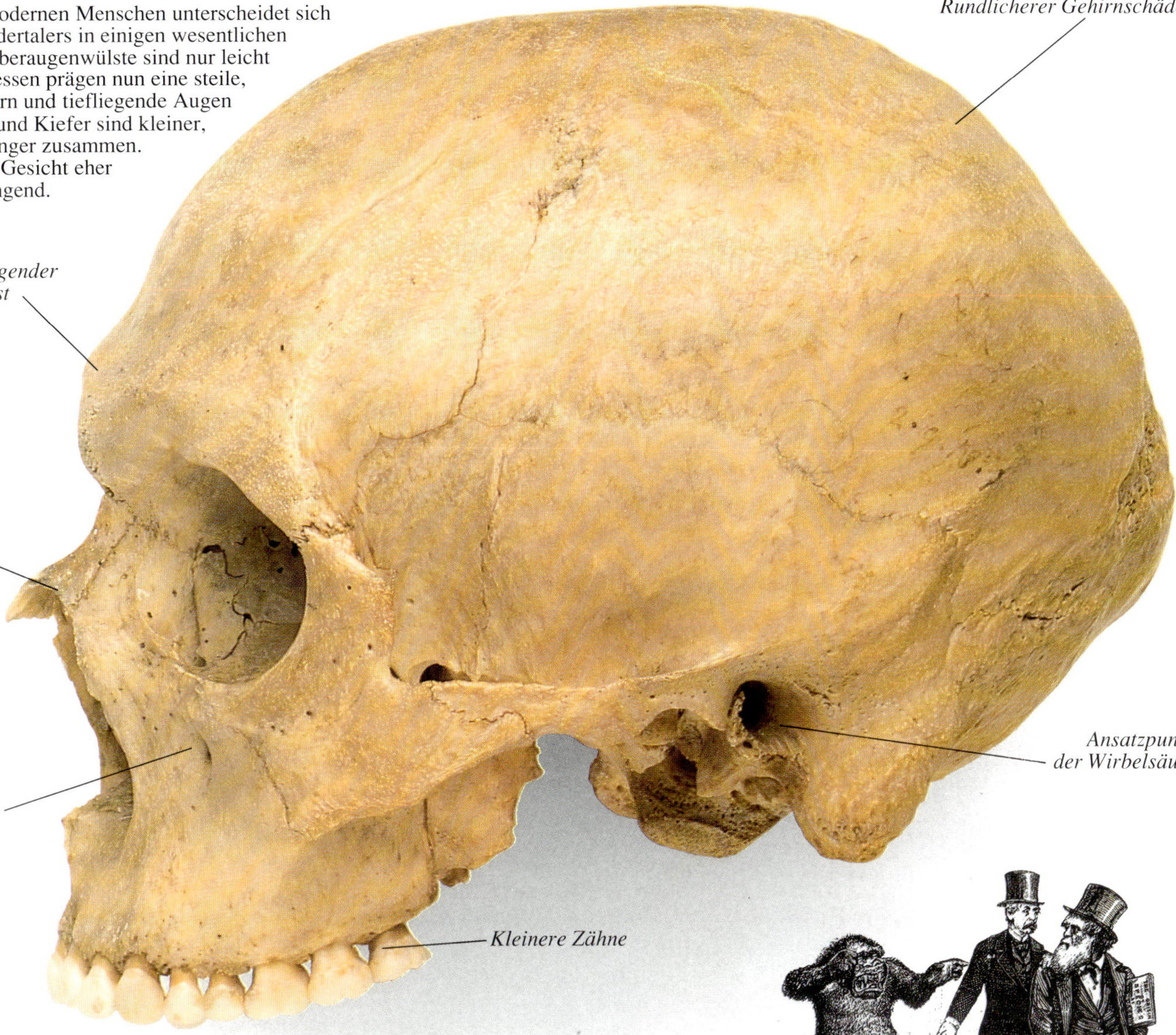

VERLETZTE GEFÜHLE
Eine Karikatur aus dem 19. Jahrhundert: Der Gorilla zeigt beleidigt auf Darwin, „Dieser Mann erhebt Anspruch auf meinen Stammbaum und behauptet, er sei mein Nachfahre."

Evolution

Die Schädel (unten) zeigen die zu Beginn des Jahrhunderts vertretene Vorstellung von der Evolution des Menschen aus Affen. Die Verhältnisse sind jedoch komplizierter, und unser Wissen über unseren Stammbaum ist noch recht lückenhaft. Wir sind nicht aus Gorillas oder Schimpansen entstanden, denn auch diese sind vorläufige Endpunkte von Evolutionsreihen. Allerdings gibt es wohl gemeinsame Vorfahren. Die Evolution verlief auch nicht immer geradlinig, es gab Evolutionssprünge und Sackgassen. Zu manchen Zeiten lebten mehrere Arten nebeneinander, manche überlebten, andere starben aus.

Charles Darwin (1809-82), der Begründer der Evolutionstheorie

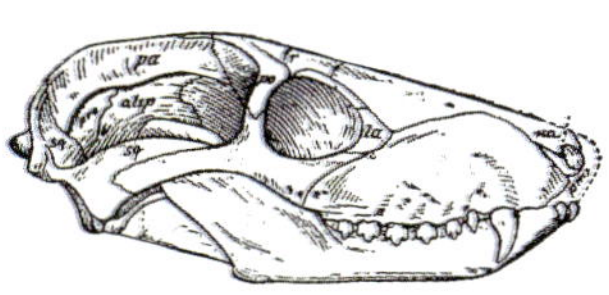

Schädel eines primitiven Reptils (230-195 Millionen Jahre alt)

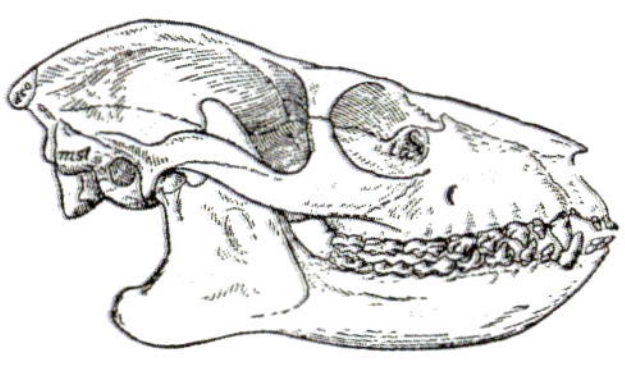

Säugerschädel (54-16 Millionen Jahre alt)

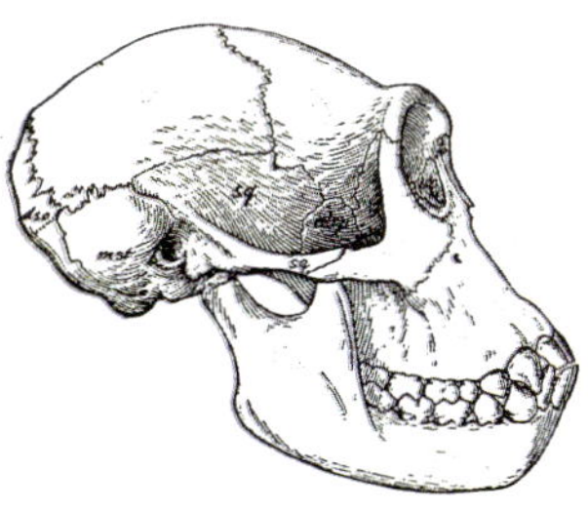

Schädel eines Schimpansen

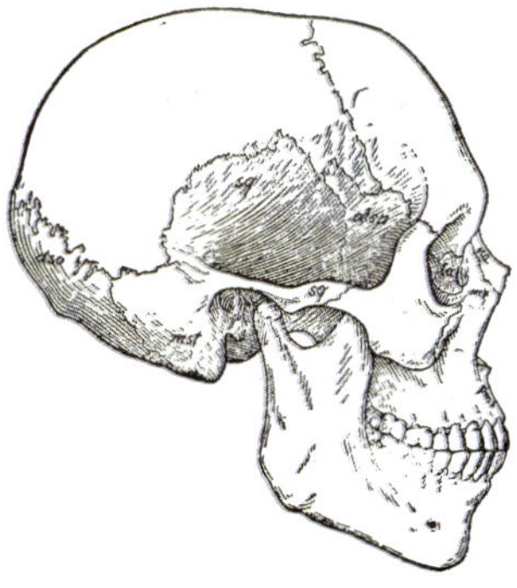

Schädel eines modernen Menschen

Die ersten Künstler

HÖHLENMALEREI
Diese meisterhafte Höhlenmalerei befindet sich in Altamira, Spanien.

Die ersten Kunstwerke entstanden vor etwa 30 000 Jahren, während der letzten Eiszeit. Da die Fähigkeit zur künstlerischen Gestaltung auf den Menschen beschränkt ist, können wir sagen, daß um diese Zeit mit den Schöpfern dieser Werke nun richtige Menschen lebten. Die bekannten Kunstwerke sind die Malereien auf Decken und Wänden von Höhlen wie der von Lascaux in Frankreich und der von Altamira in Spanien. Weniger bekannt, aber keineswegs weniger beeindruckend, sind die kleinen Skulpturen und Reliefschnitzereien von Tieren und Frauengestalten. Zum Teil fand man solche Statuetten auch in Höhlen, den weitaus größten Teil aber an anderen Stellen, vor allem in Osteuropa. Mit der Erfindung der Keramik eröffneten sich weitere Möglichkeiten für die künstlerische Gestaltung.

Aus der Höhle von Mas d'Azil, Frankreich

PFERDEKÖPFE
Die Genauigkeit dieser Gravierungen lassen vermuten, daß der Künstler die Tiere sehr genau beobachtet hat.

GESCHNITZTES MAMMUT
Dieses stilisierte Mammut mit langen, um den Kopf gebogenen Stoßzähnen wurde mit großem Geschick aus dem Schulterblatt eines Tieres geschnitzt. Das Mammut war bis zum Ende der Eiszeit häufig.

VERFOLGUNGSJAGD *rechts*
Die ersten Künstler stellten die Tiere dar, die sie zum Nahrungserwerb jagten. Auf diesem Knochen ist ein Wisent zu sehen, das von einem Menschen verfolgt wird. Fundort ist Laugerie Basse, Frankreich.

BEUTETIERE
In diesen Knochen sind fünf Gemsen geritzt. Diese Tiere kommen auch heute noch in europäischen Hochgebirgen vor.

PFERDEKOPF
Dieser in Knochen geritzte Pferdekopf stammt aus der Höhle von Laugerie Basse, Frankreich.

GLÜCKSBRINGER
Auf dieser alten Radierung ritzt ein Mann einen Tierkopf als Jagdtalismann in ein Geweihstück.

HERSTELLUNG DER FARBEN

Diese Rekonstruktion zeigt einen Künstler beim Zermahlen des Farbstoffs zum Anrühren der Farbe. Die Höhlenmaler benutzten Erdpigmente wie Ocker und andere natürliche Mineralpigmente.

ORNAMENTPLATTE

Diese gravierte Schieferplatte entstand mehr als 4000 Jahre nach der Zeit der Höhlenmalereien. Sie zeigt ganz andersartige, abstrakte, geometrische Muster. Gefunden wurde sie in einem großen Steingrab bei Alentjo, Portugal und datiert aus der Jungsteinzeit (um 4000 v. Chr.).

KÜNSTLER BEI DER ARBEIT

Der Künstler malt die Tiere, die er zu jagen beabsichtigt. Das Malen stellte wohl Teil eines religiösen Rituals dar. Die Beleuchtung der dunklen Höhle erfolgte durch Öllampen.

WISENT

Eine weitere Malerei aus der berühmten Höhle von Altamira, Spanien.

Marmorstatuette aus Melos, Griechenland, um 2500 – 2000 v. Chr.

BEMALTE KERAMIK

Tongefäße waren nicht nur nützlich, sondern zum Teil auch herrlich bemalt oder graviert. Diese Scherbe aus Rumänien ist etwa 6000 Jahre alt.

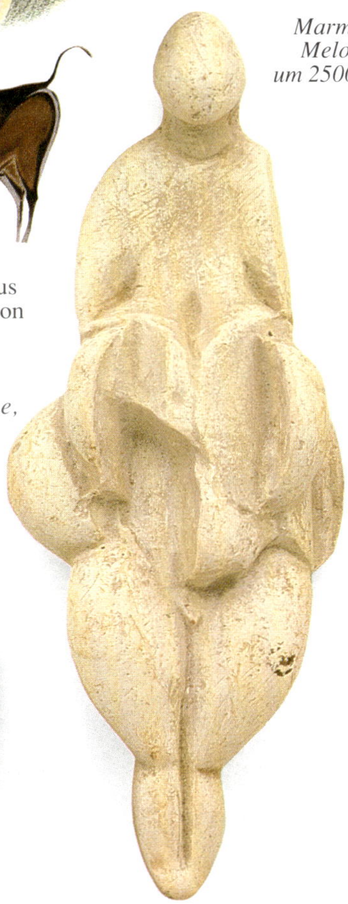

Fund aus Lespugue, Frankreich

Aus Brno, Tschechoslowakei

TÖPFERKUNST

Viele der alten Gefäße wurden durch Einritzungen in den frischen Ton verziert.

RÄTSELHAFTE FIGUREN

Solche „Venus-Statuetten" wurden in Europa, von Spanien bis Rußland, gefunden und auf 25 000 – 15 000 v. Chr. datiert. Gesichtslos und hochschwanger stellen sie wahrscheinlich Fruchtbarkeitsgöttinnen dar und verdeutlichen die große Bedeutung der Fruchtbarkeit für die frühen Menschen.

Sammler und Jäger

STEINZEITLICHE JÄGER
Die Menschen in der Steinzeit jagten zum Nahrungserwerb mit Speeren, Pfeil und Bogen.

Neunundneunzig Prozent der Zeit, die Menschen auf der Erde leben, ernährten sie sich durch Pflanzensammeln und Jagd. Während der Eiszeit jagten europäische Jäger wahrscheinlich sogar Großwild wie das Wollnashorn. Vor etwa 75 000 Jahren jagten Menschen an der südafrikanischen Küste Robben und Pinguine, und vor 25 000 Jahren jagten die ersten Australier heute ausgestorbene Riesenkänguruhs. Der Großteil der Nahrung in prähistorischer Zeit aber bestand aus Pflanzen wie Nüssen und Früchten sowie Muscheln, Schnecken und ähnlichem, weil man diese leicht sammeln konnte. Reste dieser Art von Nahrung sind nicht so haltbar wie Knochen, so daß sie bei archäologischen Ausgrabungen nur selten gefunden werden. Daß die Menschen in prähistorischer Zeit Wild jagten, ist durch die Funde von Speer- und Pfeilspitzen aus Feuerstein belegt.

OBST UND NÜSSE
Reste dieser nährstoffreichen Pflanzennahrung wurden in 12 000 Jahre alten Jägerlagern gefunden.

HARPUNENSPITZE
Diese Harpunenspitze aus Geweih ist etwa 10 000 Jahre alt.

FISCHSPEER *oben*
Von einer Sandbank am Themseufer aus wurden mit dieser in der Nähe von London gefundenen Harpune Fische gefangen. Der Speer stammt aus der Zeit um 8000 v. Chr.

EINFACH ABER TÖDLICH
Obere und untere Hälfte eines nachgebildeten Pfeils aus der Mittleren Steinzeit. Mit Pfeil und Bogen konnten die scheuen Waldtiere aus einiger Entfernung erlegt werden.

FEURSTEINPFEIL
Solche Pfeile wurden vor etwa 8000 Jahren benutzt. Die Flintspitze wurde mit Birkenharz angeklebt.

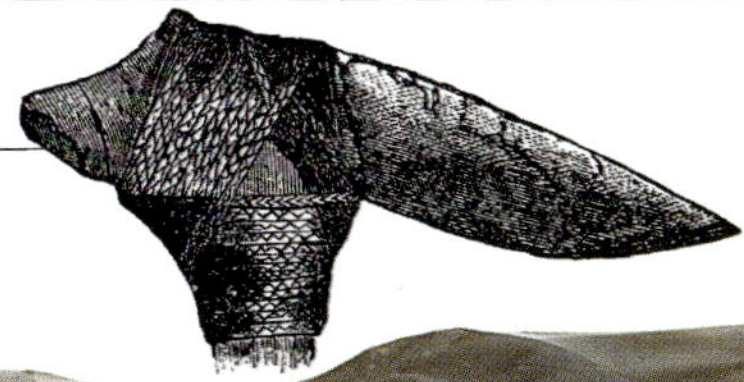

TÜLLENAXT
Bei dieser Axt ist die Axtspitze in eine Tülle aus Geweih eingepaßt und mit einem Lederband am Schaft festgebunden. Sie diente vielleicht zum Ausgraben eßbarer Wurzeln oder zur Holzbearbeitung.

GRAB-WERKZEUG
Zum Graben nach Nahrung benutzten die prähistorischen Sammler und Jäger einen mit einem Gewicht beschwerten Stock.

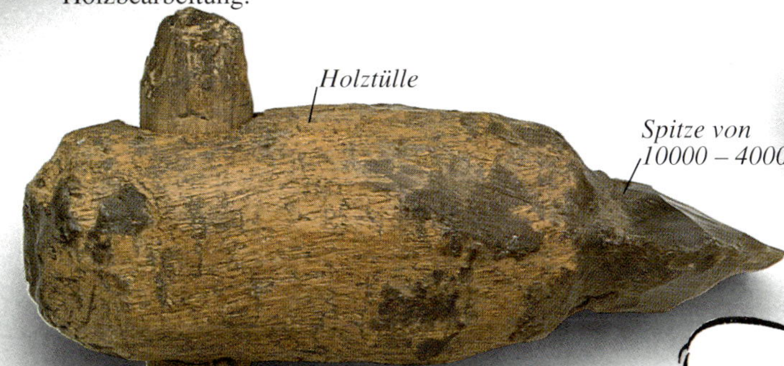

Die Stiele sind Nachbildungen.

FEINARBEIT
In der frühen Bronzezeit entstanden verschiedene fein gearbeitete, z. T. verzierte, Pfeilspitzen aus Feuerstein.

Traditonelle Form

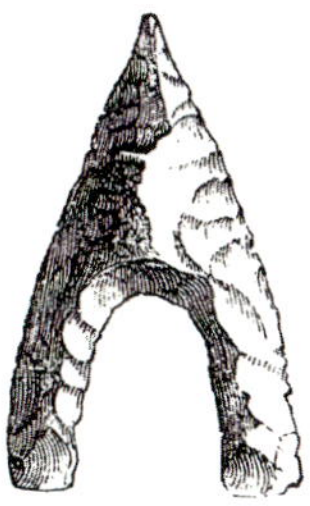

Ohne Schaft

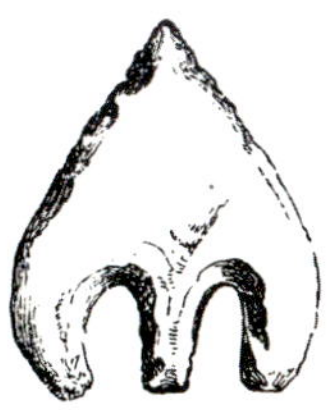

Umgekehrt herzförmig

FLINTBEIL
Eine Axt besitzt asymmetrische Schnittflächen und ist rechtwinklig am Stiel befestigt. Zum Holzhacken wird sie abwärts geschlagen, oft zwischen den Beinen. Diese Axtspitze ist mit Knochenleim oder Harz in einer hölzernen Tülle befestigt.

BEUTETIER
Die etwa 20 000 Jahre alten Höhlenmalereien zeigen meist Jagdwild jener Zeit wie diesen Hirsch (Dordogne, Frankreich).

FEUERANZÜNDEN
Beim Anschlagen von Pyrit mit Feuerstein entstehen Funken. Läßt man diese Funken auf Zunder fallen, kann man durch Anblasen ein Feuer entfachen.

Dieses Rentier wird mit einer Steinaxt zerlegt.

Jäger in der Wüste

In der Wüste Kalahari in Südafrika leben auch heute noch San- oder Buschmanngruppen von der Jagd und vom Sammeln von Wildpflanzen. Ihre Lebensgewohnheiten ähneln möglicherweise denen der afrikanischen Ureinwohner. Sie leben zwar in einer ganz anders gearteten Umwelt als die Inuit (S. 28–29), doch auch ihre Verhaltensweisen bieten uns aufschlußreiche Erkenntnisse über das Leben der frühen Sammler und Jäger. Wie bei den Sammlern und Jägern üblich, suchen die Frauen der San eßbare Wurzeln und Nüsse, die den Hauptbestandteil der Nahrung bilden, während die Männer auf die Jagd gehen. Im wesentlichen jagen die Bogenschützen der San Antilopen, kleinere Tiere werden mit Fallen und Schlingen gefangen.

ZAUBER-TASCHE
Diese Tasche enthält „Zauberwerkzeuge“ aus Teilen von Antilopen, u. a. Horn, Hufe und Fußknochen. Der Jäger beschwört mit ihnen das Jagdglück.

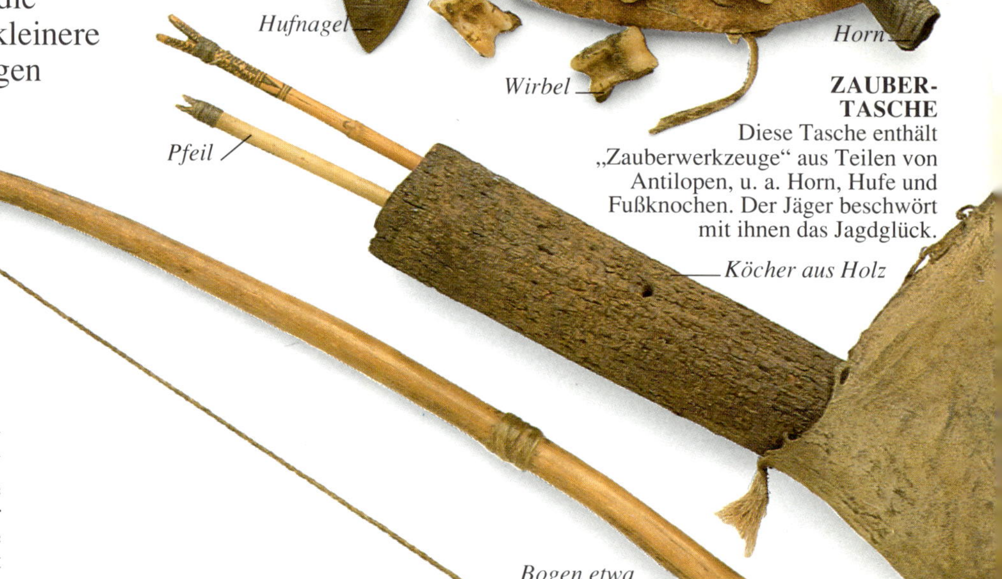

DIE JAGD KANN BEGINNEN
Die Metallspitzenspeere mancher afrikanischer Stämme besitzen eine größere Durchschlagskraft als die Pfeile der San.

Ersatz-Pfeilspitze

Holzpfeil ohne Spitze

Pfeil mit vergifteter Federkielspitze

Pfeil mit vergifteter Federkielspitze

Pfeil mit Metallspitze

STRECKER
Mit Hilfe eines erhitzten Steins mit Rinne fertigt man aus frischem Rohr einen geraden Pfeil.

GIFTWIRKUNG
Diese Pfeile besitzen Metallspitzen oder austauschbare Spitzen aus vergifteten Federkielen. Das aus Käferlarven gewonnene Gift wirkt sehr langsam – die Jäger müssen dem getroffenen Tier oft weit folgen.

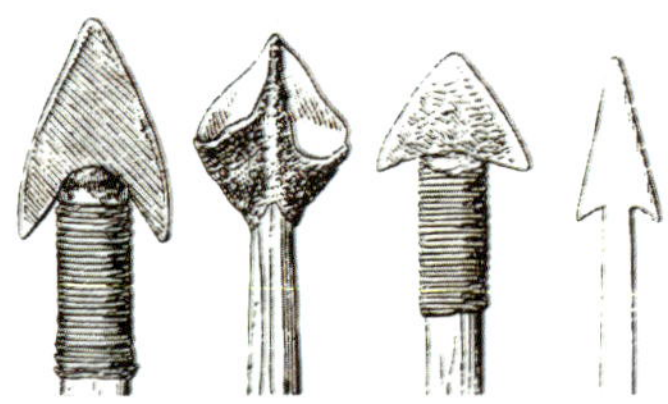

Schieferspitze — Quarzspitze — Eisenspitze — Knochenspitze

Pfeil mit Metallspitze

Pfeil mit Metallspitze

SPEER MIT METALLSPITZE
Die San benutzen manchmal auch Speere zum Jagen größerer Tiere und auch zum Kämpfen.

Gazelle

Um einen Zweig gewickelte Schlinge

Schlinge

Riemen aus Beinhäuten eines Tieres

FALLENSTELLEN
In solchen Schlingen werden kleinere Tiere gefangen.

UTENSILIEN-BEUTEL
In diesem Beutel werden die Schlingen und die darin gefangenen Tiere transportiert.

AUF DEM RÜCKZUG
Wie Buschmänner benutzen auch Zulukrieger die langen Metallspeere manchmal als Kampfwaffen.

KLEINER BOGEN
Ohne das Pfeilgift könnte man mit diesem kleinen Bogen kaum ein Tier erlegen.

SCHUSSBEREIT
Diesen großen Lederbeutel mit dem Bogen und dem hölzernen Pfeilköcher trägt der Jäger über der Schulter. Die Beine des Tieres, aus dessen Haut der Beutel gefertigt ist, sind zu Trageriemen zusammengebunden.

Ackerbau und Viehzucht

Als der Mensch vor etwa 10 000 Jahren, zuerst im Nahen Osten, begann, Ackerbau zu treiben und Tiere zu halten, stellte dies den bis dahin größten Fortschritt dar. In den nächsten 6000 Jahren drang die Landwirtschaft in alle Teile Europas vor und entwickelte sich unabhängig davon z. B. auch in Amerika und im Fernen Osten. Ackerbau und Viehzucht bedeuteten eine sicherere Nahrungsversorgung als Pflanzensammeln und Tierejagen. Durch Landwirtschaft konnte man nun auch das ganze Jahr über an einem Ort bleiben und eine größere Anzahl von Menschen ernähren. Dadurch nahm die Bevölkerungsdichte zu und Städte entstanden.

Feuersteinklinge (ca. 4000 – 2300 v. Chr.) in einem nachgebildeten Griff

Bronzesichel

Nachgebildeter Stiel

Eisensichel

DRESCHEN
In der Eisenzeit drosch man die Körner mit Knüppeln aus den Ähren.

Garbe

RODEN
In den Wäldern Europas rodeten die ersten Bauern mit solchen Äxten gewaltige Landflächen für ihre Felder.

DIE ERSTE ERNTE
Einkorn, eine Weizensorte aus der Türkei und dem Iran, wurde dort zuerst kultiviert.

KNOCHENARBEIT
Getreide wurde bis zur Erfindung der Mähmaschinen und Mähdrescher in diesem Jahrhundert mit Sensen und Sicheln geerntet. Diese Sicheln repräsentieren drei Zeitalter: Steinzeit, Bronzezeit und Eisenzeit.

Lederbänder

Die Löcher dienten wahrscheinlich der Durchlüftung.

TONPLATTEN
Platten aus gebranntem Ton wie diese von ca. 1000 v. Chr. könnten zur Durchlüftung von Backöfen gedient haben.

Sandstein zum Mahlen

Mahlfertiges Korn

VOM KORN ZUM MEHL
Vor etwa 4000 – 6000 Jahren benutze man solche Mahlsteine. Das Getreide wird auf den flachen Stein gelegt und mit dem runden „Reibstein“ zu Mehl vermahlen.

TÄGLICH BROT
Solches ungesäuertes Brot wurde in der Steinzeit hergestellt.

MEHLMAHLEN
In der Bronzezeit benutzte man zwei große, flache Steine jeglicher Art zum Mahlen.

Kleidung

Kleidung wurde wahrscheinlich zum ersten Mal während der Eiszeit getragen. Ihre Behaarung reichte den damaligen Menschen nicht mehr aus, um bei den zeitweise recht niedrigen Temperaturen nicht zu erfrieren. So stellten sie Kleidung aus den Häuten und Fellen der Tiere her, die sie zum Nahrungserwerb jagten. Gespannte und getrocknete Felle wärmten sehr gut und wurden nicht nur für Kleidung, sondern auch als Zeltplanen benutzt, Die ersten Wollstoffe wurden wahrscheinlich im Nahen Osten hergestellt, wo man in der Jungsteinzeit mit der Schafzucht begann. Spinnen und Weben wurde zuhnemend bekannter. In der Eisenzeit wurden schon feine Gewebe mit hochentwickelten Webrahmen hergestellt. Seit der Steinzeit verwandte man Farben. Bunte Kleidung und Schmuck (S. 34-35) ermöglichten den Menschen schon damals, mit ihrem Äußeren Aufsehen zu erregen.

Kämme aus Geweih

SCHABER
Das abgezogene Fell wurde mit einem Schaber von Fett- und Gewebsresten befreit.

FLINTMESSER
Diese scheibenförmigen Messer wurden zum Abhäuten und zum Schneiden der Häute benutzt.

LEDERHERSTELLUNG
Das Herstellen von Leder erfordert drei Arbeitsgänge. Das Fell wird zuerst gereinigt und durch Kämmen (s. o.) enthaart, dann gegerbt, um es haltbar zu machen, und schließlich verziert und behandelt, damit es die richtige Dicke hat und nicht austrocknet.

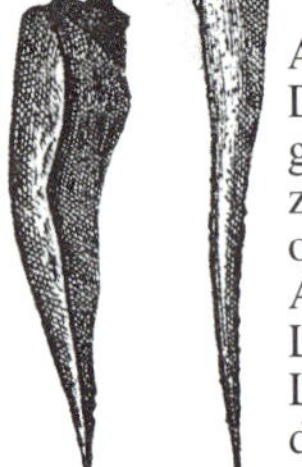

AHLE
Das vorbehandelte, gegerbte Leder wird zugeschnitten. Mit Ahlen oder Pfriemen (s. Abbildung) werden Löcher entlang der Lederränder gestanzt, damit sie zusammengenäht werden können.

STRECKEN UND SCHABEN
Der erste Schritt zum fertigen Leder ist das Aufspannen auf einen Rahmen, damit das Leder nicht schrumpft und sich verzieht. Mit Flintschabern wird dann die Innenseite des Fells von Gewebsresten gereinigt und geschmeidig gemacht. Dieser viktorianische Stich zeigt zwei Höhlenmenschen beim Schaben eines aufgespannten Bärenfells.

ROHWOLLE

Anfangs wurde die Wolle vom Schafrücken gesammelt, wenn die Tiere ihr Fell wechselten.

Gesponnene Wolle

Spinnwirtel

SPINDEL

Die Rohwolle wird auf eine Spindel gedreht, so daß man einen Einzelfaden erhält. Der irdene Spinnwirtel am einen Ende erleichtert durch sein Gewicht die Drehbewegung.

SPINNEN UND WEBEN

Dieser alte Stich zeigt die zwei Hauptarbeitsgänge der Tuchherstellung. Die Frau im Vordergrund spinnt die Rohwolle am Baum zu einem Faden, indem sie die Spindel in ihrer linken Hand dreht. Der Mann im Hintergrund webt auf einem Webrahmen die Wolle zu Stoff.

Saflorgelb

Saflorrot

WOLLFARBEN

Die Färberdistel (Saflor) wird seit 2000 v. Chr. verwendet.

ALTERTÜMLICHE WOLLE

Diese Wolle stammt von Wildschafen, die heute nur noch auf der Hebrideninsel Soay (vor der schottischen Küste) vorkommen. So etwa mag die Wolle in frühgeschichtlicher Zeit ausgesehen haben. Braun ist ihre natürliche Farbe. Diese Wolle ist zu einem Faden versponnen und kann gestrickt oder gewebt werden.

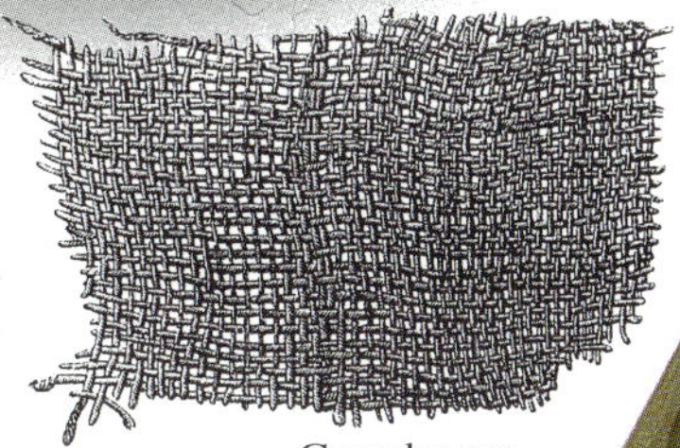

Gewebe aus der Jungsteinzeit

WEBRAHMEN

Der Webrahmen wurde in der Steinzeit erfunden und ermöglichte nun zum ersten Mal die Tuchherstellung. Der Rahmen spannt die senkrechten Wollfäden, mit einem Schiffchen werden die waagerechten Fäden dazwischengewoben.

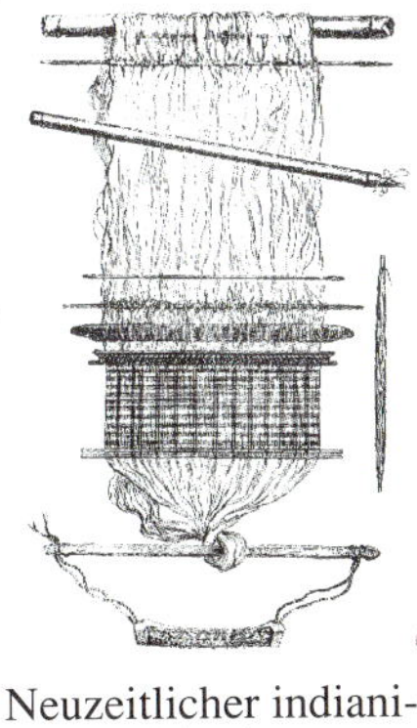

Neuzeitlicher indianischer Webrahmen

Knochenschiffchen

Loch zum Durchfädeln

Gewicht aus Ton zum Spannen der Fäden

Schmuck und Kosmetik

Die Menschen früherer Zeiten schmückten ihre Körper weitaus intensiver als wir es heute, zumindest in der westlichen Welt, zu tun pflegen. Grabmalereien, Skulpturen und konservierte Leichen vermitteln einen kleinen Eindruck von den Gebräuchen in frühgeschichtlicher Zeit. Weitere Informationen liefern Beobachtungen bei Naturvölkern. So weiß man, daß Tätowierungen, Körperbemalung, kunstvolle Haartracht und das Tragen von Schmuck früher bei Männern und Frauen verbreitet waren.

MACHT DER BEMALUNG
Die Medizinmänner nordamerikanischer Indianerstämme besaßen eine kunstvolle Körperbemalung, wenn sie böse Geister mimten.

ROT
Rote Farbe (Rouge) aus dieser „Puderdose“ aus dem Süden Neuguineas wird im Gesicht oder auf den ganzen Körper aufgetragen.

AUSSERGEWÖHNLICHER DUFT
Ambra, aus den Eingeweiden von Pottwalen gewonnen, riecht sehr intensiv und diente auf den Inseln des südlichen Pazifiks als Parfümgrundlage.

GEGEN MUNDGERUCH
Olibanum, das Harz des Weihrauchbaumes, wurde zur Erfrischung des Atems benutzt.

Rouge

Pigmentpulver

Hülsen

ROUGE
Diese Fruchthülsen und das aus ihnen gewonnene rote Pulver zur Gesichtsbemalung stammen aus dem Gran Chaco, Südamerika.

Löffel und Spatel zum Anrühren von Schwärze

KÄMME
Stämme aus dem Amazonasregenwald benutzten solche verzierten Kämme.

AUGEN-MAKE UP
Diese Blöcke wurden zu Schwärzepulver vermahlen, mit dem man die Haut um die Augen herum dunkel färbte.

SCHWARZ STATT WEISS
Diese gravierte Kokosnuß enthält eine Mixtur zum Schwärzen der Zähne. Sie stammt von den Salomoninseln.

LEOPARD
Gefährliche Raubtiere wie der Leopard gelten in manchen Kulturen als Quellen großer Kraft.

HALSKETTE AUS LEOPARDENKLAUEN
Diese Halskette aus Nigeria ist nicht nur dekorativ, ihr wurden auch magische Kräfte zugesprochen.

GEFIEDERTER KAMM
Dieser einfache Knochenkamm mit Federschmuck wurde im vergangenen Jahrhundert aus Papua-Neuguinea mitgebracht.

JAGDSCHMUCK
Ein Jäger vor 10 000 Jahren: Er trägt eine Halskette aus Tierzähnen und mehrere Armreifen.

INSEKTENKETTE
Diese Halskette aus den Nagabergen in Burma ist aus über hundert Hornissen hergestellt.

Hornisse

ANHÄNGER
Dieser Anhänger wurde von australischen Ureinwohnern getragen.

Afrikanischer Krieger mit Federschmuck

Magie

In primitiven, nicht von den modernen Wissenschaften geprägten Kulturen spielt Zauberei im täglichen Leben eine wichtige Rolle. Es ist ganz natürlich, wenn die Menschen unter solchen Lebensumständen glauben, daß Krankheiten auf der Macht böser Geister beruhen. Daraus folgt natürlich auch, daß die Menschen die Geister beschwören müssen, um herauszufinden, warum ein Unglück geschehen ist und was man dagegen tun kann. Oft ist dies die Aufgabe einer Einzelperson – des Schamanen, Geisterbeschwörers, Zauberpriesters oder Medizinmanns. Meist muß ein Opfer gebracht, ein bestimmtes Ritual vollzogen werden; und oft werden Talismane, Glücksbringer, getragen, um Unheil abzuwehren. Es ist wahrscheinlich, daß die ersten Menschen Zauberei betrieben, um die besten Zeiten und Orte zur Jagd zu erfahren und Krankheiten zu heilen. Allerdings gibt es dafür kaum Beweise. Die meisten der hier abgebildeten Zaubergegenstände entstammen daher heutigen Kulturen.

TEUFELSTANZ
Dieser Medizinmann führt den Teufelstanz auf, eine religiöse Zeremonie der afrikanischen Westküste. Kunstvolle Kostüme, die Vögel oder andere Tiere darstellen, gehören zur Zeremonie.

FRUCHTBARKEITSZAUBER
Diese ägyptischen Fruchtbarkeitssymbole sind aus Fayence (Tonware mit Zinnglasur).

Dieser afrikanische Schamane weissagt die Zukunft mit Schlange und Knochen.

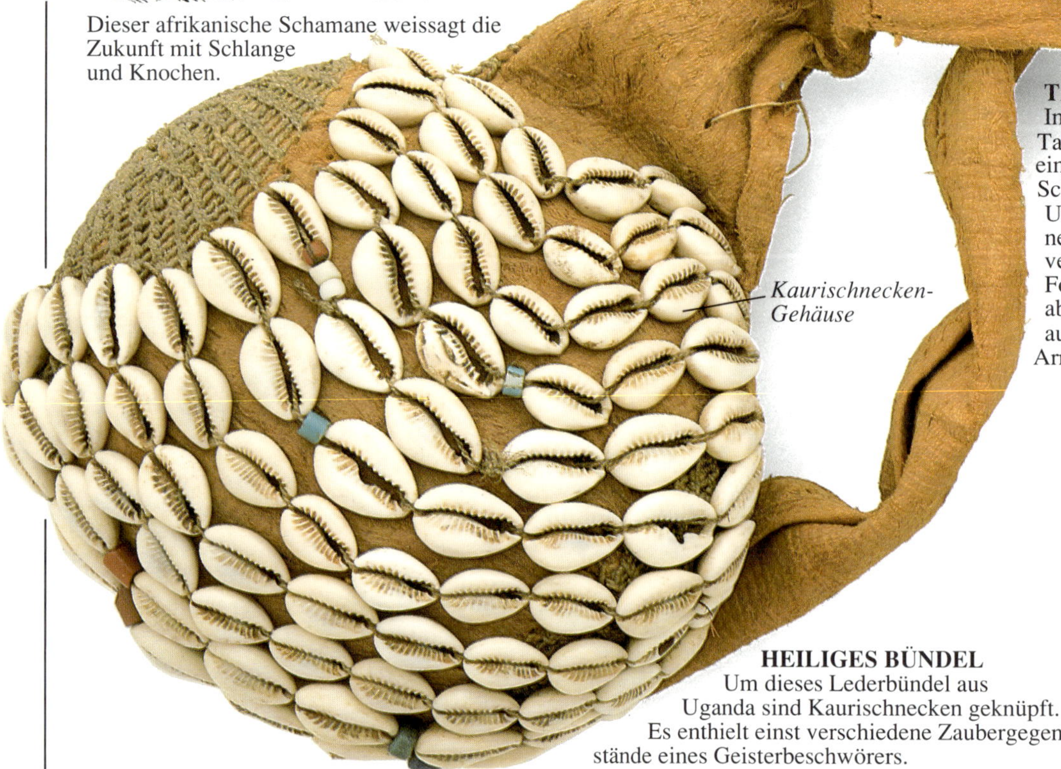

HEILIGES BÜNDEL
Um dieses Lederbündel aus Uganda sind Kaurischnecken geknüpft. Es enthielt einst verschiedene Zaubergegenstände eines Geisterbeschwörers.

TALISMANE *rechts unten*
In frühen Kulturen waren Talismane (Amulette) ein gebräuchlicher Schutz gegen Unheil. Talismane gab es in den verschiedensten Formen, meist aber wurden sie – wie auch heute noch – als Armband getragen.

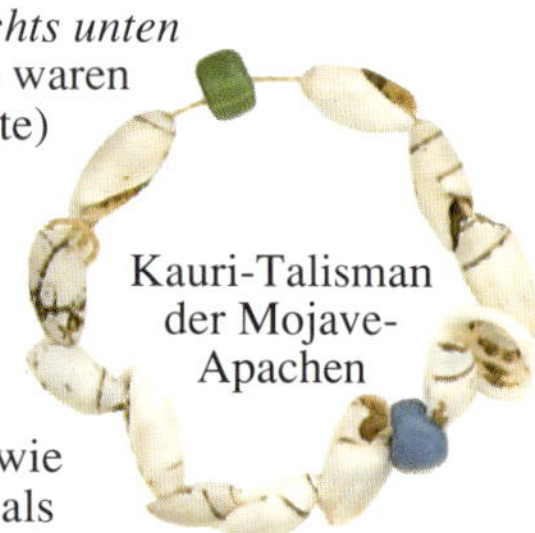

Kauri-Talisman der Mojave-Apachen

Glasperlenarmband aus Nordindien

MÄCHTIGER MOHN
Die berauschende und betäubende Wirkung von Schlafmohnsamen ist seit Jahrtausenden bekannt. Medizinmänner benutzen solche Drogen, um Trance auszulösen.

ZAUBERSCHÜSSEL
Mit solchen Schüsseln fanden die Schamanen in Tansania den Grund eines Unglücks heraus. Sie ließen Wasser hinein und verschiedene Gegenstände darauf schwimmen, deren Bewegungen gedeutet wurden.

Ein Stück Holz, das man auf dem Wasser in der Schüssel schwimmen ließ

GLÖCKCHEN
Oftmals werden die Geister in einem Zustand der Trance mit Musik und Tanz beschworen. Trommeln spielen dabei eine wichtige Rolle als Rhythmusinstrumente, aber auch Glocken wie diese Ziegenglocken aus Tansania.

Eine riesige Stelzenfigur im Riesentanz der Apono

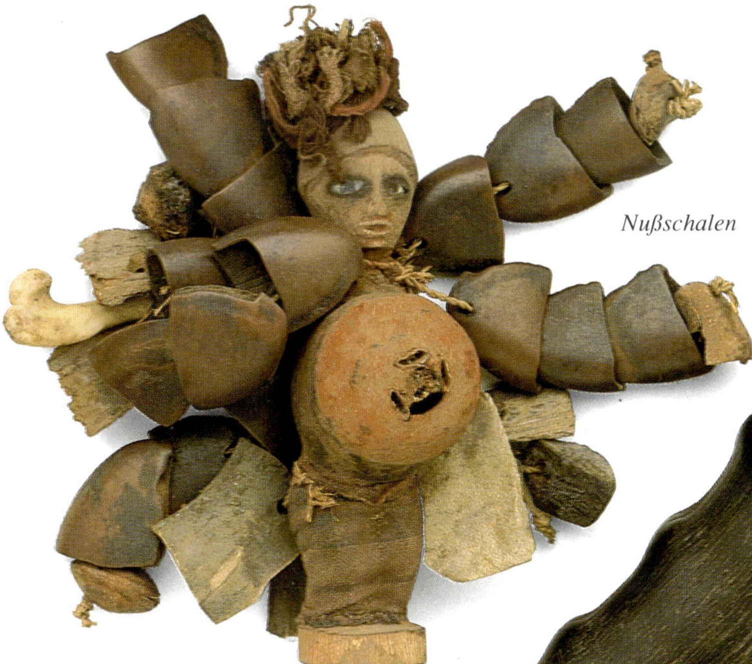

Nußschalen

VORSORGE
Diese kleine rote Figur besteht aus Holz, Knochen, Leder, Stoff und Nüssen. Bei den Nte'va vom oberen Kongo diente sie dazu, „auf den Körper zu achten", also Krankheiten fernzuhalten.

DIREKTVERBINDUNG ZU DEN GEISTERN
Geisterbeschwörer kommunizieren auf verschiedene Arten mit den Geistern. Sie lesen Botschaften, sind vom Geist besessen oder sprechen durch heilige Gegenstände wie dieses Antilopenhorn aus Zentralafrika direkt mit dem Geist.

FISCHAMULETT
Dieser Talisman wurde zum Schutz vor bösen Geistern um den Hals getragen. Er stammt aus Papua-Neuguinea und hat die Form eines Raubfisches in einem Korb.

Bestattungsriten

Seit die Neandertaler vor etwa 40 000 Jahren als erste Menschen ihre Toten bestatteten, haben die meisten Völker ihre Verstorbenen rituell begraben, verbrannt oder mumifiziert. Für die meisten dieser Menschen war der Tod nicht das Ende ihrer Existenz, sondern nur eine Station auf einer langen Reise. Vielmals wurde und wird der Tod auch heute noch als der Zeitpunkt angesehen, wo die Seele den Körper verläßt, um sich einen anderen Aufenthaltsort zu suchen – im Himmel, in der Natur, in einem Grab oder im Haus. So spielt der Tod damals wie heute eine zentrale Rolle und wird von rituellen Zeremonien begleitet. Die Bestattungsriten sind und waren in den einzelnen Kulturen recht unterschiedlich und oftmals sehr kompliziert. In manchen archaischen Gesellschaften wurde ein Scheiterhaufen errichtet und der oder die Tote zusammen mit Opfern verbrannt. Reiche Grabbeigaben sollten den Toten ein angemessenes Leben im Jenseits ermöglichen. Da Bestattungen mit größter Sorgfalt durchgeführt wurden, sind die Leichen oft noch gut erhalten. Archäologische Untersuchungen von Gräbern ermöglichen meist eine gute Rekonstruktion der Bestattungsriten und lassen auch Rückschlüsse auf das Leben in jener Zeit zu.

PRÄHISTORISCHES GRAB
Diese Rekonstruktion zeigt die Überreste einer Frau vor einer Höhle bei Les Eyzies in Frankreich um 12 000 – 9000 v. Chr.

Eingang zu einem Kammergrab, Cairn of Dowth, Irland

TOTENHÄUSER
„Megalithen" nennt man solche Gruppen aus gigantischen Steinplatten. In manchen dieser Monumente haben scheinbar niemals Tote gelegen, in anderen fand man in Reihen aufeinandergeworfene Skelette. Die abgebildeten Beispiele sind etwa 5000 Jahre alt.

DIE PYRAMIDEN
Diese königliche Begräbnisstätte mit einigen der berühmtesten Gräbern entstand zwischen 2700 und 2500 v. Chr. In den drei größten Pyramiden waren die Pharaonen Cheops, Chephren und Mykerinos begraben.

Im Vordergrund erkennt man Mumiengräber.

Megalith aus sechs senkrechten Steinplatten mit einer Deckplatten

Gerste

SPEISE FÜR DIE TOTEN
Diese Samen aus dem Pharaonengrab des Tutenchamon wurden kürzlich in einer alten Schachtel gefunden. Sie waren bei den Ausgrabungen entdeckt und zur Bestimmung nach England geschickt worden, dort aber 46 Jahre lang in Vergessenheit geraten. Diese Grabbeigaben geben Aufschluß darüber, welche Pflanzen damals wuchsen und was man damals aß.

Brustbeeren

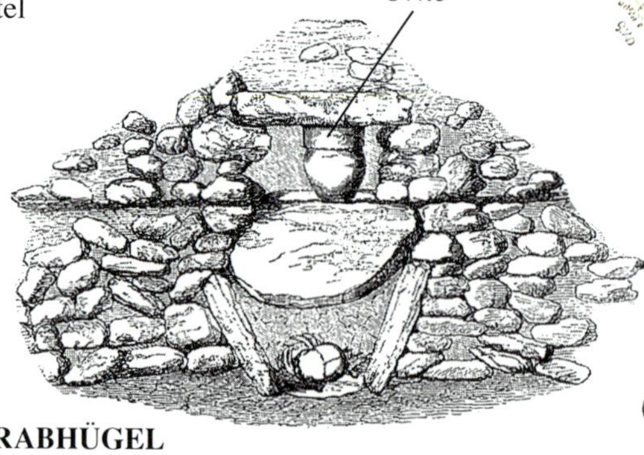

Urne

GRABHÜGEL
Dieser Stich zeigt eine Grabkammer mit dem Skelett eines um 2000 v. Chr. beigesetzten Menschen. Darüber sieht man eine später bestattete Urne.

Melonenkerne

Mumiennahrung

Solche Gefäße wurden im Haushalt und als Urnen verwandt.

Mumifizierung

Wenngleich wir Mumien meist mit Ägypten in Verbindung bringen, gibt es sie doch auch in anderen Regionen der Erde. In bestimmten Küstengebieten Perus trug das trockene Wüstenklima dazu bei, daß die Leichen mit Haut und Haar, nebst Grabbeigaben, fast vollständig erhalten blieben.

PERUANISCHES KIND
Auf einen Holzrahmen gebunden wurde der Leichnam dieses peruanischen Kindes im heißen Wüstenklima getrocknet. Ergebnis ist ein erstaunlich gut erhaltener Körper.

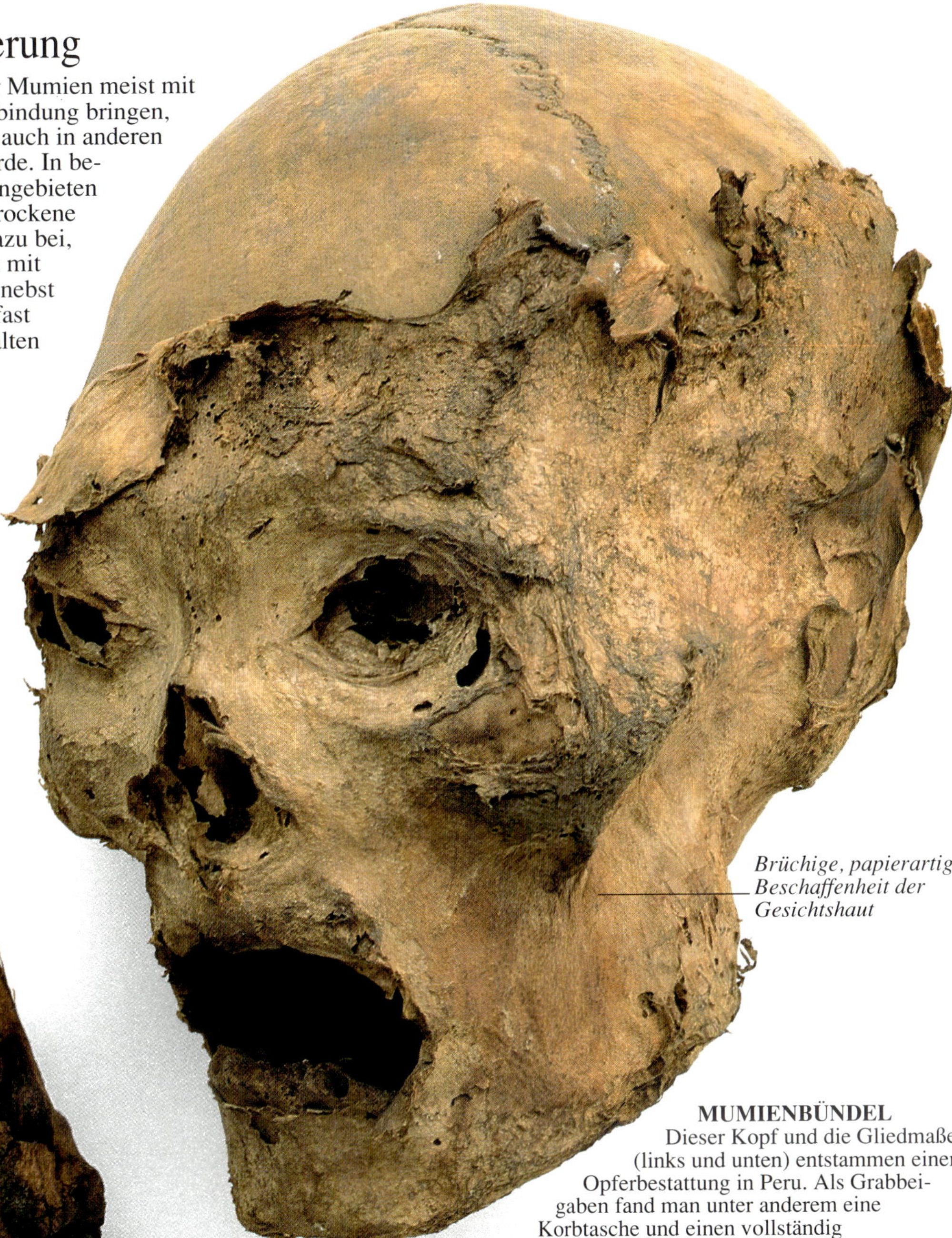

LINKE HAND
Diese Hand aus Peru ist ziemlich gut erhalten, wenngleich die Haut jetzt dünn und brüchig ist. Untersuchungen an Haut und Knochen geben Aufschluß über den Gesundheitszustand des Menschen vor seinem Tod.

MUMIENBÜNDEL
Dieser Kopf und die Gliedmaßen (links und unten) entstammen einer Opferbestattung in Peru. Als Grabbeigaben fand man unter anderem eine Korbtasche und einen vollständig erhaltenen Maisstengel. Durch die Trockenheit blieb die Gesichtshaut weitgehend erhalten.

LINKER ARM
Dieser Arm ist noch besser erhalten als der übrige Körper. Die Fingernägel und die Fingerlinien sind noch erkennbar.

Alte Schriften

Die erste Schrift entstand in Mesopotamien (im heutigen Irak). Zum Auflisten verkaufter Gegenstände wurden diese auf Täfelchen gemalt; später benutzte man Symbole, auch zur Darstellung abstrakter Gedanken. Etwa um 3500 v. Chr. schrieb man Schriftzeichen für einzelne Silben oder Wörter der gesprochenen Sprache mit einem Griffel auf Tontafeln. Diese Art der Schrift nennt man Keilschrift. Die Idee, Dinge aufzuschreiben, verbreitete sich über die ganze Welt. Um 1000 v. Chr. hatten die Phönizier ein Alphabet entwickelt. Auch in anderen Kontinenten entstanden unabhängig davon Schriftsprachen. Die ersten chinesischen Niederschriften befinden sich auf Knochen und protokollieren militärische Unternehmungen und die Taten von Königen. In Mittelamerika benutzten die Maya Hieroglyphen, von denen die meisten noch gar nicht lange entziffert sind, um den Gang der Gestirne und königliche Dynastien zu protokollieren. In allen archaischen Gesellschaften waren Schriftbeherrschung und damit verbunden Macht und Wissen das Vorrecht einer kleinen Elite.

KEILSCHRIFTTAFEL
Die älteste bekannte Schriftform, die Keilschrift, wurde mit einem Griffel mit keilförmigem Ende in noch feuchten Ton gepreßt. Diese Tafel aus Mesopotamien datiert von etwa 3400 v. Chr.

Abdruck

Siegel

ZYLINDRISCHES SIEGEL
Mit solchen Siegeln, die den Namen des Besitzers trugen, wurden im alten Mesopotamien Dokumente unterzeichnet. Über den feuchten Ton einer Dokumententafel gerollt hinterließen sie einen chrakteristischen Abdruck. Dieses Siegel ist über 5000 Jahre alt.

GRUNDSTEIN
Dieser 4000 Jahre alte konische Ziegelstein aus der berühmten sumerischen Stadt Ur war als Grundstein eines Gebäudes in eine Lehmziegelmauer eingebaut.

Die Keilschrift wurde mit einem Keilgriffel geschrieben.

Siegel

Abdruck

KEILERSIEGEL *links*
Siegel wurden aus den verschiedensten Steinen hergstellt, auch aus Edelsteinen. Die Formen waren ebenfalls sehr unterschiedlich. Dieses Siegel von etwa 3400 v. Chr. hat die Form eines Keilers.

STIERSIEGEL *rechts*
Die Induskultur im nördlichen Indien und Pakistan hatte ihren Höhepunkt zwischen 2300 und 1750 v. Chr. Wie die Sumerer besaßen auch die Menschen vom Indus eine Schriftsprache und verwendeten Siegel. Dieses Steinsiegel mit einem Stier ist typisch für diese Periode.

Siegel

Abdruck

In Knochen geritzte Maya-Schrift

Maya-Schrift auf Tonwaren

Aufgemalte Maya-Schrift

MAYA-SCHRIFT
Über Generationen war die Bilderschrift der Maya den Gelehrten ein Rätsel. Die ersten einfachen Kalenderzeichen wurden 1880 entschlüsselt, doch beinahe ein Jahrhundert lang glaubte man, daß die Mayas nur den Kalender und astronomische Berechnungen schriftlich niederglegt hatten. In den 60er Jahren dieses Jahrhunderts aber entdeckte man, daß einige Zeichen sich auf Könige und deren Unternehmungen bezogen. Heute sind etwa 80 Prozent der Hieroglyphen entschlüsselt, und man erhielt Einblicke in die Geschichte der Maya.

Maya-Schriftzeichen

MAYA-GRABSTEIN *oben*
Nach der Schrift auf diesem Steinrelief ist hier der Herrscher „Schildjaguar" abgebildet. Vor ihm kniet seine Gemahlin Xoc und vollzieht die rituelle Blutentnahme von ihrer Zunge.

人
Mensch

二
Zwei

上
Auf

富
Reich

CHINESISCHE SCHRIFTZEICHEN *oben*
Die chinesische ist die älteste der heutigen Schriftsprachen. Die Schrift der Schang-Periode (seit 1300 v. Chr., Bronzezeit) zeigt eine erkennbare Verwandtschft zum modernen Chinesisch. 221 v. Chr. führte der Ts´in-Staat eine Standardschrift ein, die alle regionalen Varianten ersetzen sollte. Dies ist die immer noch gebräuchliche chinesische Schrift.

Ägyptische Schrift

Die Schrift kam aus Westasien nach Ägypten, wo sich die eigentliche ägyptische Schrift entwickelte. Die Ägypter verwandten drei Grundformen: offizielle Inschriften wurden in Hieroplyphen geschrieben; die Priester schrieben hieratische Schrift mit Federn auf Papyrus; im täglichen Leben wurde die einfachere demotische Schrift benutzt.

SCHREIBEN *oben*
Das komplizierte ägyptische Staatswesen ruhte auf den Schultern ganzer Heere von Schreibern. Sie führten Protokolle, schrieben Geschäftsverträge und verwalteten die Steuern.

HIEROGLYPHEN *links*
Hieroglyphen symbolisieren bestimmte Wortelemente. Sie entstanden um 3000 v. Chr. und wurden im Gegensatz zur Keilschrift zur Geschichtsschreibung, vor allem in Tempeln und Grabmälern verwandt.

PAPYRUS *oben*
Das Gras zur Herstellung der alten Schriftrollen.

Bronzeverarbeitung

ERZSCHMELZE
Kupfer- und Zinnerze müssen bergmännisch abgebaut werden. Das Erz wird dann mit Kohle stark erhitzt, und man erhält das flüssige Metall, das nach eventuellen weiteren Reinigungsschritten in Barren gegossen wird. Bei der Bonzeherstellung werden Kupfer- und Zinnbarren zusammengeschmolzen. Das Mischprodukt, die Bronze, wird ebenfalls in Barren gegossen, die man dann wiederum schmelzen und in Formen gießen kann.

Bronze ist eine Legierung aus Kupfer und Zinn. Um 2000 v. Chr. war Bronze ein weitverbreitetes Gebrauchsmetall. Kupfergeräte wurden schon vor dieser Zeit hergestellt, doch meist nur als Zierrat, da sowohl Kupfer als auch Zinn für Werkzeuge und Waffen zu weich sind. Durch die Zugabe von zehn Prozent Zinn zum Kupfer erhielt man eine weitaus härtere Legierung, die zudem noch in verschiedenartigste Formen gegossen werden konnte. Bronzeklingen konnten geschärft oder, wenn sie zu abgenutzt waren, eingeschmolzen und neu gegossen werden. Das alles war sehr vorteilhaft. Die meisten Bronzegegenstände, von Schwertern über Broschen und Messer bis zu Nadeln, stellte man her, indem man das geschmolzene Metall in eine Form goß, in der es dann abkühlte. Flache Gegenstände wie Schilde wurden gehämmert. Steine gibt es überall, aber Kupfererz ist in Europa nicht sehr häufig, Zinnerze sind sogar noch seltener. So führte der Gebrauch der Bronze auch zu gesellschaftlichen Veränderungen. Die Berufe des Schürfers und Bergarbeiters entstanden, ein Fernhandel mit Metallbarren entwickelte sich, Handelszentren entstanden. Die Kontrolle der Handelswege war ein wichtiger Machtfaktor. Große Ansiedlungen mit mächtigen Befestigungsanlagen wurden gebaut, sie beherrschten die Handelsrouten und waren Handwerkszentren.

WERTVOLLES METALL
Mit dem flüssigen Metall mußte man beim Gießen vorsichtig umgehen. Mit einem langstieligen Tiegel wurde es in die Formen gegossen. Die für diesen Beruf notwendigen handwerklichen Fertigkeiten, die Vielzahl der erforderlichen Werkzeuge und nicht zuletzt die mühsame Beschaffung der Rohstoffe machten Bronze recht wertvoll. Erworben wurden Bronzegegenstände im Tauschhandel gegen andere Waren.

BRONZEABFÄLLE
Wenn Kupfer- und Zinnerze zusammengeschmolzen werden, setzt sich die entstehende Legierung am Grunde des Schmelztiegels als schüsselförmiger Barren ab. Bei dem linken Bronzebrocken sieht man zum Teil noch die Umrisse der Form.

Lange Klinge zum „Dreihauen"

Ursprüngliche goldene Farbe

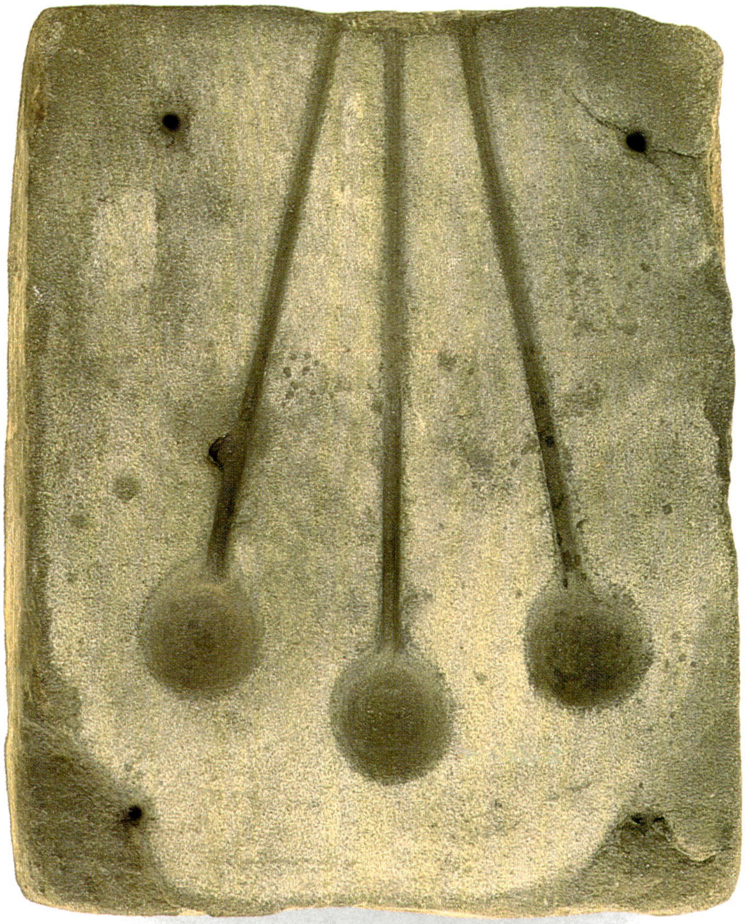

STEINFORM
Dies ist eine Hälfte einer zweiteiligen Form zum Gießen von Stecknadeln mit Kugelköpfen. Die beiden Hälften der Form wurden aufeinandergelegt und das flüssige Metall an den offenen Enden, bei den Nadelspitzen, eingefüllt. Die Form (etwa 1000 v. Chr.) stammt aus Möringen in der Schweiz.

FERTIGE NADEL
Solch eine Nadel wäre mit der abgebildeten Form entstanden.

STECKNADELN
Bronzegießer konnten sehr fein verzierte Gegenstände herstellen, wie diese Stecknadeln aus der Schweiz zeigen. Die unterschiedlichen Mustertypen auf solchen Nadeln geben den Archäologen Aufschluß über Herkunft und Hersteller solcher Gegenstände.

DER AUGENBLICK DER WAHRHEIT
Diese Bronzegießer stellen Schwerter mit ähnlichen Griffen wie bei dem unten abgebildeten her. Der Mann im Vordergrund prüft ein Schwert auf Fehlerfreiheit. Die hier benutzte Form besitzt einen zusätzlichen Gang zum Einfüllen der flüssigen Bronze. Nach Auskühlen der Bronze wurde die Form geöffnet, das überschüssige Metall entfernt. Auch die „Nähte", an denen die beiden Formhälften aufeinanderstießen, wurden abgeschlagen oder abgeschliffen.

WIEDERAUFBEREITUNG
Diese Äxte von 750 v. Chr. sind nicht mehr benutzbar. Sie könnten zum Rohstofflager eines Bronzegießers gehört haben, der sie einschmolz und neue Dinge daraus formte.

Verzierter Griff

ZWEI SCHWERTER
Das obere dieser beiden nach dem beschriebenen Verfahren hergestellten Schwerter stammt aus Avignon, Frankreich, das untere aus Dänemark. Das dänische Schwert wurde poliert und zeigt die ursprüngliche Goldfärbung, das französische dagegen zeigt die dumpfe grünliche Farbe, die Bronzegegenstände mit der Zeit an der Luft annehmen.

Glanz der Bronze

WAS TUN DIE BEIDEN?
Diese rätselhafte Gravur befindet sich auf einem Bronzegefäß, das in Tirol gefunden wurde.

Werkzeuge und Waffen aus Bronze sind nicht wesentlich schärfer als solche aus Flint. Die Triebkraft für die Entwicklung der Bronzekultur seit etwa 2000 v. Chr. war daher wohl eher die Mode und das Streben nach gesellschaftlichem Ansehen als die Suche nach einem besseren Werkstoff. Neue Bronzegegenstände glänzen golden und können reich verziert werden. Bronze wurde bald ein wertvolles Metall, das geeignet war, Macht und Reichtum einer Person zur Schau zu stellen. Anfangs war vor allem beim Adel Bronzeschmuck ebenso begehrt wie Gebrauchsgegenstände und Waffen aus Bronze, die gleichfalls oft reiche Verzierungen aufwiesen. Ab etwa 750 v. Chr. gewann das härtere Eisen in Europa zunehmend an Bedeutung als Werkstoff für schwerere Waffen und Werkzeuge. Bronze wurde nun noch mehr zum dem Material, aus dem Luxusgegenstände und Schmuck sowie Beschläge für Pferdegeschirre gefertigt wurden.

Gewandnadel in natürlicher Größe

Gewandnadel aus der Bronzezeit, Modeartikel nach 2000 v. Chr.

HOCH ZU ROSS
Am Ende der Bronzezeit wurde das Pferd zum gebräuchlichen Reit- und Arbeitstier.

ANHÄNGER
Dieser gehämmerte Bronzeanhänger wurde wahrscheinlich an einer Kette um den Hals getragen. Eine einfache Bronzekette, wie man sie damals trug, ist auf der gegenüberliegenden Seite abgebildet.

Wagenschmuck, gefunden in Norfolk, England

REICHTÜMER DER KELTEN
Die keltischen Ritter der späten Eisenzeit (ca. 100 v. Chr. – 100 n. Chr.) besaßen mit kunstvollen Metallarbeiten verzierte Streitwagen. Hier wird das Muster durch rote Emaille hervorgehoben.

PINZETTE
Wie heute, wurden wohl auch in der Bronzezeit Pinzetten zum Haarezupfen benutzt.

ZAUMVERZIERUNG
Dieser Teil eines Pferdezaums wurde in Cambridge, England, gefunden.

Typisches Schlangenornament

Rasierklingen bestanden aus gehämmerter, mit Mustern gravierter Bronze.

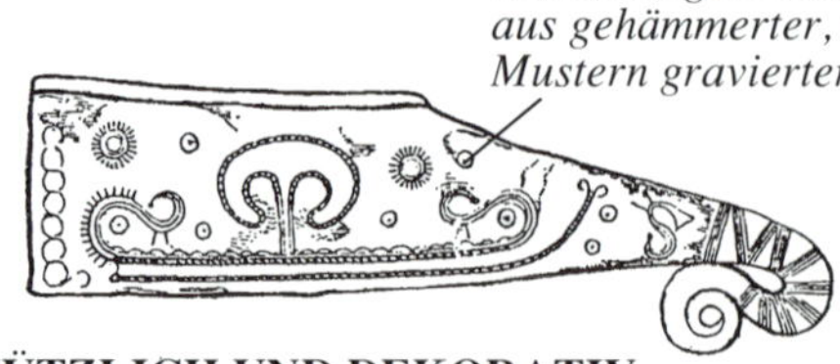

NÜTZLICH UND DEKORATIV
Diese kunstvollen Rasierklingen stammen aus Dänemark. Moorleichen aus der gleichen Gegend waren glatt rasiert, sie hatten zweifellos solche Klingen benutzt.

Der Verschluß hält durch die Spannung des Rings.

ZEICHEN DER MACHT
Der Halsreif, von den römischen Schriftstellern „Torques“ genannt, war bei den eisenzeitlichen Kelten ein wichtiges Statussymbol. Krieger trugen ihn als Schutzzauber. Dieses Exemplar aus dem 6. Jh. v. Chr. besteht aus einem einzigen Strang gedrehter Bronze.

UM DIE TAILLE
Diese Schmuckplatte, aus dünnem Bronzeblech gearbeitet, wurde an einem Gürtel um die Taille getragen. Die Verzierungen wurden von der Rückseite in *Repoussé*-Technik in die Platte gehämmert. Die Platte stammt aus Auvernier in der Schweiz.

SONNENBLUMEN-NADELN
Die kunstvoll gearbeiteten blütenartigen Köpfe dieser Anstecknadeln leuchteten am Gewand ihrer Träger wie Sonnen. Die Nadeln lassen sich auf etwa 1200 v. Chr. datieren.

Blütenartiger Kopf

Zwischenglied aus zusammengebogenem Blech

SCHWEIZER SCHMUCK
Diese Kette, wahrscheinlich Teil einer Halskette, stammt aus einem bronzezeitlichen Dorf an einem Alpensee.

GÜRTELPLATTE
Solche Platten fand man in vielen dänischen Frauengräbern.

ARMREIF
Einige der wertvollsten Armreifen der Bronzezeit waren spiralförmig gebogen.

Schnittmuster für eine Frauenjacke, gefunden in Dänemark

BRONZEZEITMODE
Die Frauen der Bronzezeit trugen wahrscheinlich Gewänder wie das hier dargestellte.

Krieger der Bronzezeit

ARMREIF
Diese geriefte Armspange (um 1200 v. Chr.) stammt aus Auvernier in der Schweiz.

In der Bronzezeit (zwischen 2200 und 700 v. Chr.) kam es, vermutlich aufgrund der zunehmenden Bevölkerungsdichte, vermehrt zu kriegerischen Auseinandersetzungen. Entsprechend gewann alles, was mit Krieg und Kampf zu tun hatte, an Bedeutung. Die Krieger besaßen bei vielen Völkern ein hohes gesellschaftliches Ansehen, und aus dieser Zeit stammen die ersten Belege für Zweikämpfe – Mann gegen Mann. Als Waffen dienten Speere zum Angreifen des Feindes aus einiger Entfernung sowie Schwerter und Äxte für den Nahkampf. Die hohe soziale Stellung der bronzezeitlichen Krieger spiegelt sich in ihrem reichen Schmuck, unter anderem Armreifen, kunstvollen Nadeln und Fibeln, sowie in der reichen Verzierung ihrer Waffen wider.

Nadeln aus der Schweiz, um 1000 v. Chr.

NADEL STAT KNOPF
Bevor Knöpfe erfunden wurden, benutzte man solche Nadeln zum Befestigen der Kleidung.

ERSTE RITTER
Pferde als Reittiere und Schlagschwerter als Waffen wurden in der Bronzezeit gebräuchlich.

TAFELBRONZE
Kleine Messer wie dieses aus der Schweiz wurden wohl eher zum Schneiden der Nahrung als im Kampf benutzt.

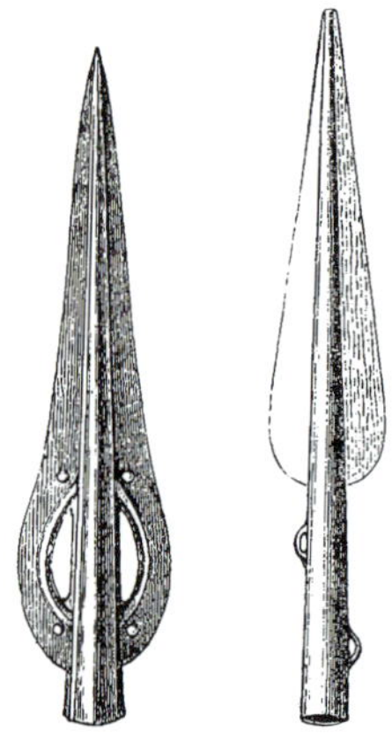

STATUSSYMBOL
Speere waren als Zeichen des Kriegers in der Bronzezeit oft sehr kunstvoll gearbeitet.

ZEREMONIENSPEER
Zusammen mit dem hölzernen Stiel ergab diese ungarische Bronzespeerspitze mit massivem Stielansatz eine Waffe von über 2 m Länge. Sie wurde wohl eher bei Zeremonien als im Kampf eingesetzt.

Muffe für Holzstiel

LEICHTER SPEER
Diese kleine Speerspitze aus Amiens in Frankreich gehört zu einem Wurfspieß, der auf Feinde geschleudert wurde.

STREITAXT
Diese eindrucksvolle Streitaxt aus Ungarn war wohl ebensosehr ein Schauobjekt wie eine Waffe. Der hölzerne Stiel wurde durch die vertikale Muffe geschoben.

WERKZEUGAXT
Diese praktischer gestaltete Axt aus dem 2. Jahrtausend v. Chr. wurde in Ungarn gefunden.

BACKENSTÜCK
Dieses Backenstück, ein Teil des Zaumzeugs, mit dem das Gebiß befestigt ist, wurde aus Geweih hergestellt. Er stammt aus Corcelettes am Neuenburger See in der Schweiz.

AUF IN DEN KAMPF
Ein Krieger der Bronzezeit war mit einem Speer und einem Schwert wie dem ganz unten auf der Seite abgebildeten ausgerüstet. Helm, Schild und feste Lederkleidung stellten einen gewissen Schutz vor den Hieben und Stichen des Feindes dar.

FEST AM ZÜGEL
Dieser Zügelring aus der Schweiz wurde an der Wagendeichsel befestigt, alle Zügel wurden durchgezogen. Das erleichterte das Lenken des Wagens.

DIE „BRAUT“ DES KRIEGERS
Von der Bronzezeit an war das Schwert lange Zeit die wichtigste Waffe. Dieses dänische Schwert wurde wohl einst in einer Scheide aus Leder oder Holz getragen. Seine Oberfläche glänzte damals noch golden.

Eisenzeitschmuck

Einige der schönsten Schmuckgegenstände der Eisenzeit sind aus Bronze hergestellt, da Eisen nur für schwere Waffen und Werkzeuge verwandt wurde. Im Gegensatz zum Eisen konnte man Bronze in verschiedenartigste Formen gießen und reich verzieren. Einige klassische Schriftsteller schreiben, daß die eisenzeitlichen Kelten Schmuck jeder Art liebten, auch Körperbemalung und kunstvolle Frisuren (S. 34–35). Ein typisches Schmuckstück der freien Kelten war der Halsring, je nach Metall (Gold, Silber oder Bronze) Zeichen des gesellschaftlichen Ranges. Manche Krieger trugen im Kampf nichts außer diesem „Torques“, so sehr vertrauten sie auf seine schützende Zauberkraft. Über ihren Hosen und Tuniken trugen Männer wie Frauen wollene Umhänge, die von oft sehr kunstvollen Fibeln (Broschen) zusammengehalten wurden. In Gräbern sind solche Schmuckstücke oft der einzige Hinweis auf die Art der Kleidung, die der oder die Tote getragen hat.

BRILLENFIBEL
Die Form gab diesem Broschentyp den Namen. Diese Fibel von etwa 1000 bis 800 v. Chr. besteht aus einem einzigen gewickelten Bronzedraht. Auf der Rückseite befand sich eine Nadel. Fundort ist Karinthia in Östrreich.

SICHERHEITSNADEL
Wie heute Sicherheitsnadeln dienten in frühgeschichtlicher Zeit solche Fibeln zum Befestigen der Kleidung. Diese ungarische Brosche stammt von etwa 50 v. Chr.

RANGZEICHEN
Ein aus Glasscheibchen zusammengesetzter Bogen macht den Reiz dieser Fibel aus. Sie stammt von 800 – 700 v. Chr. aus Italien und war damals wohl eine Rarität; sie gehörte daher wahrscheinlich einer Persönlichkeit von hohem Rang.

HÄUPTLING
In diesem Stich aus dem 19. Jh. hat der Illustrator alles zusammengetragen, was über die Kleidung in der Eisenzeit bekannt war. Der Häuptling trägt einen gehörnten Helm und einen buschigen Schnurrbart (die Zöpfe sind wissenschaftlich nicht belegt!). Sein Umhang wird von einer Brosche zusammengehalten, mit einem glänzenden Brustpanzer ist er für den Kampf gerüstet. Unter seiner kurzen Tunika trägt er Beinkleider („Brakes“), die zum Reiten sehr bequem sind. Die Frau trägt einen kunstvollen Gürtel, von dem ein Dolch herabhängt. Sie reicht dem Häuptling ein Trinkhorn mit Bier, das sie aus dem Eimer im Vordergrund geschöpft hat.

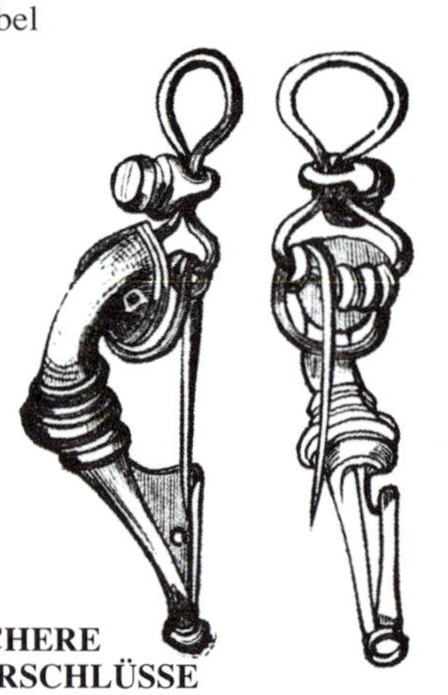

SICHERE VERSCHLÜSSE
Diese beiden nordeuropäischen Broschen sind zwei weitere Beispiele für die vielfältige, kunstvolle Gestaltung von Fibeln.

MUSTER EINER EPOCHE
Dieser Bronzeanhänger mit Emailleverzierung stammt aus einem sächsischen Grab, das etwas später zu datieren ist als die anderen Gegenstände auf dieser Seite. Doch die Kreise und Schnörkel seiner Verzierung zeigen, daß dieser Kunststil in Europa beibehalten wurde.

FÜR MÄNNER UND FRAUEN
Solche Reifen wurden vielfach am Arm getragen – wahrscheilich sowohl von Männern als auch von Frauen. Bei diesem Armreif von etwa 50 v. Chr. aus Cambridge in England trat das Muster im neuen, noch glänzenden Zustand wohl deutlicher hervor.

GLATT RASIERT
Dieses etwa 2500 Jahre alte Rasiermesser ist nicht so reich verziert wie manche Bronzezeitklingen (S. 44 – 45) aber von guter Qualität. Es war wahrscheinlich genauso scharf wie ein modernes Rasiermesser. Fundort ist Cambridge.

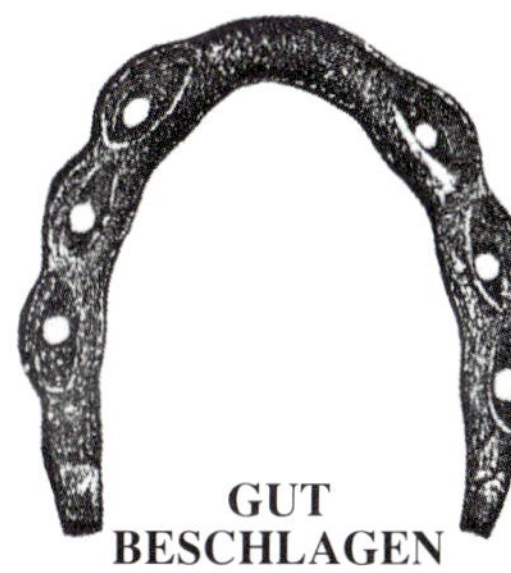

GUT BESCHLAGEN
Eisenzeitliche Hufeisen ähneln schon den heute gebräuchlichen.

Verzierter Spiegelrücken

SPIEGLEIN, SPIEGLEIN ...
Zu den schönsten Gegenständen, die aus der Eisenzeit erhalten sind, gehören Spiegel. Dieser ist mit den typischen Schnörkeln der „keltischen“ Kunst verziert. Die Abbildung zeigt die Rückseite des Spiegels. Die Vorderseite war hochglanzpoliert, damit man sich darin sehen konnte. Solche Spiegel besitzen Seltenheitswert und waren zweifellos nur den reichsten Familien vorbehalten.

KEILERJAGD
Auf diesem alten Stich kann man Hufeisen sehen, die den heute gebräuchlichen sehr ähnlich sind. Die Pferde der Jäger tragen einen kunstvollen Geschirrschmuck. Die großen Bronzescheiben heißen „Phalerae“. In der Eisenzeit jagte man Wildschweine, besonders Keiler, aus Sport und zum Nahrungserwerb.

Leben in der Eisenzeit

MOORLEICHEN
Unter Luftabschluß in den europäischen Mooren erhalten gebliebene Leichen erlauben uns Einblicke in das Leben der Eisenzeit. Der Mann von Tollund wurde in Dänemark entdeckt. Er war seit etwa 210 v. Chr. im Moor begraben.

Die ersten guten Eisenwerkzeuge wurden von den Hethitern hergestellt, die im heutigen Anatolien lebten. Sie perfektionierten um 1500 v. Chr. die Techniken der Eisenschmelze und Eisenschmiede. Die Hethiter hüteten die Geheimnisse der Eisenverarbeitung sehr gut, doch nach dem Untergang ihres Reichs verbreitete sich ihr Wissen in ganz Europa, wo um 1100 v. Chr. die Eisenzeit begann. Zu dieser Zeit war Europa relativ dicht besiedelt. Die Menschen lebten in bäuerlichen Dorfgemeinschaften. Die Gesellschaft wurde von einer adeligen Kriegerschicht beherrscht (S. 52–53), das Leben der meisten Menschen jedoch bestand aus nie enden wollender, seit Generationen unverändert gebliebener Arbeit auf dem Feld oder dem Hof. Die Großfamilie war noch immer der Kern der Gemeinschaft, und auch kleine Kinder hatten ihre Aufgaben bei der täglichen Arbeit. Aus dieser Zeit sind viele Eisengeräte, vor allem Werkzeuge, erhalten, ebenso Tonwaren und Zierrat aus Bronze.

STEMPELMUSTER
Mit Prägestempeln verzierten sächsiche Töpfer später ihre Gefäße mit ähnlichen Mustern wie in der Eisenzeit.

Stempel für Kreuzmuster

Stempel für Kreismuster

STUTUSSYMBOL?
In den letzten hundert Jahren vor der Besetzung durch die Römer waren feine Tonwaren bei reichen Briten sehr beliebt. Solche Becher wurden in großer Zahl vom europäischen Festland eingeführt.

BRONZESCHALE
In der Eisenzeit bestanden viele Kunstgegenstände, Symbole eines hohen sozialen Status, aus Bronze, jenem glänzenden Metall, das gut mit kunstvollen Mustern verziert werden konnte. Bei vielen adeligen Familien Nordeuropas war Bronzegeschirr sehr begehrt. Es wurde aus dem Mittelmeerraum eingeführt, dessen Gebräuche als Vorbild dienten.

Eingravierte Verzierungen

Die Form entsteht durch Hämmern.

Dieser kleine verzierte Topf wurde in einem britischen Grab aus der Eisenzeit gefunden.

EISENWERKZEUGE

Mit dem Eisen kam ein idealer Werkstoff für robuste Werkzeuge und Waffen nach Europa. Eisenerz war außerdem häufiger als das für die Bronze benötigte Kupfer und Zinn. Allerdings rostet Eisen sehr schnell, so daß die noch erhaltenen Gegenstände in einem schlechteren Zustand sind als Bronzegegenstände aus der gleichen Zeit.

MESSER
Bei diesem Messer mit Eisenklinge und einem Griff aus Hirschgeweih ist die Klinge schon stark verrostet, der Griff aber aufgrund der günstigen Bodenverhältnisse gut erhalten.

SICHEL
Dieses Gerät zum Kornschneiden besitzt die gleiche Sichelform wie Geräte aus prähistorischer Zeit, die zur Heu- oder Getreideernte benutzt wurden (S. 30 – 41). Diese Sichel hat einen Geweihgriff.

SÄGE
Mit Holzgriff ähnelt diese Säge aus Eisen durchaus einem modernen Fuchsschwanz.

ZANGE
Eisen wurde bearbeitet, indem man es im rotglühenden Zustand in Form hämmerte. Zum Festhalten benutzte man Zangen wie diese aus Norfolk, England.

EISENSCHMIEDE
Dieser alte Stich zeigt eine Schmiedewerkstatt. Ein glühendes Eisenstück wird durch Hämmern geformt. Im Hintergrund wird Eisen in einem Schmelzofen erhitzt.

Eisenhart

LANZENSPITZE
Dieser ungewöhnlich geformte Gegenstand besteht aus Schmiedeeisen.

Von den keltischen Stämmen nördlich der Alpen geben die Berichte der griechischen und römischen Geschichtsschreiber Zeugnis. Sie erzählen von Barbaren, deren Sitten und Gebräuche Griechen und Römern fremdartig erscheinen mußten. Unter anderem brachten diese Stämme Menschenopfer dar und waren Kopfjäger. Die herrschende Klasse waren Krieger, in deren Heldenkodex vor allem kriegerische Fähigkeiten zählten aber auch Gedichtsrezitationen, Gesang, Reiten, außerdem Eß- und Trinkgelage. Die Abschreckung der Feinde spielte eine ebenso große Rolle wie der Kampf gegen sie. Darauf läßt das zum Teil furchterregende Aussehen der Waffen, Rüstungen und anderer persönlicher Habe schließen.

KOPF IN DER HAND
Der Griff dieses Dolches (ca. 100 v. Chr. – 100 n. Chr.) hat die Form eines Menschen.

ENGLISCHE WAFFE
Dieser Dolch von etwa 500 v. Chr. wurde in der Themse bei London gefunden.

SCHILLERNDE SCHEIDE
Bei dieser Scheide sind dünne Bronzeblätter zusammengenietet. Das Futter besteht aus Birkenrinde.

Diese Illustration aus dem 19. Jh. zeigt einen keltischen Kriegerhäuptling im Kampf.

HELM FÜR EINEN HELDEN
Dieser Bronzehelm gehörte einem Krieger von hohem Rang und wurde wahrscheinlich eher zu Repräsentationszwecken als im Kampf getragen.

Hohles Horn aus genietetem Bronzeblech

Ösen zum Befestigen des ledernen Innenhelms

Viktorianische Darstellung von einem Krieg in der Eisenzeit

Auskleidung aus Eiche

Der Durchmesser des Bierseidels beträgt etwa 17,5 cm.

EINEN HEBEN
Krieger mußten trinkfest sein, wie dieses 2,3 Liter fassende Bronzegefäß zeigt. Wahrscheinlich wurde daraus Gerstenbier getrunken.

RADKAPPE
Diese Dekoration wurde an der Radnabe eines leichten Streitwagens angebracht, wie sie die britischen Kelten gegen die Römer einsetzten.

BRONZENER ZÜGELRING
Er wurde am Joch des Streitwagens befestigt (S. 46).

GEBISS
Das Gebiß wird dem Pferd ins Maul gelegt, so daß man es mit dem Zügel lenken kann. Dieses Exemplar besteht aus einem bronzeüberzogenen Eisenkern.

EISENSCHWERT *unten*
Zu diesem Schwert (etwa 150 v. Chr. – 50 n. Chr.) gehörte eine verzierte Scheide aus Leder oder Holz.

Das Heft war mit Holz, Knochen oder Leder ummantelt.

Chinesische Frühgeschichte

Über Jahrtausende entwickelte sich Chinas Kultur nahezu ohne Kontakt zur westlichen Welt. Einige Erfindungen wie Landwirtschaft oder Schrift erfolgten unabhängig. Den ersten steinzeitlichen Agrargemeinschaften folgten verschiedene Epochen meist geprägt vom Ackerbau, insbesondere Reis- und Hirseanbau. Von einer Hochkultur kann man ab 1500 v. Chr. sprechen, seit der bronzezeitlichen Schang-Dynastie. Zu dieser Zeit zerfiel China in verschiedene Einzelreiche, die nach und nach vereinigt wurden. Zwischen 500 und 200 v. Chr. (Periode der „Kämpfenden Reiche“) kämpften die beiden wichtigsten Staaten, Tschu und Ts'in, um die Vorherrschaft. Unter der siegreichen Ts'in- und der späteren Han-Dynastie (206 v. Chr. – 220 n. Chr.) gelangte ein Reich mit 60 Millionen Menschen zur Blüte. Die Chinesische Mauer wurde gebaut, die Standardschriftsprache, Recht und Steuern wurden eingeführt.

TÖDLICHE RARITÄT *oben*
Die Hellebarde wird rechtwinklig an einem Holzstiel befestigt, ähnlich einer mittelalterlichen Pike. Diese über 3000 Jahre alte Hellebarde aus weißer Jade wurde sowohl im Kampf als auch bei Zeremonien, besonders bei Opfern, verwendet.

CHINESISCHER ADEL
Diese Männer gehören zum Hofstaat des Kaisers Tscheu-Sin (um 1150 v. Chr.).

RITUELLE HELLEBARDE
Diese Opferhellebarde ist ein gutes Beispiel für die hervorragenden Bronzearbeiten der Schang-Dynastie (1523–1027 v. Chr.). Trotz geringer westlicher Einflüsse ist die chinesische Bronzeverarbeitung eine eigenständige Entwicklung. Mit ihren ornamentalen Mustern spielte diese Hellebarde wohl eine wichtige Rolle bei Ritualen, d. h. bei Tier- und Menschenopfern.

Steinhacke

Geschliffene Steinaxt aus Schensi

STEINWERKZEUGE
Wie in Europa, so mußten auch in China die ersten Bauern Wälder mit Steinäxten roden und den Boden mit steinernen Hackwerkzeugen umgraben. Beide Werkzeugtypen besitzen weltweit ähnliche Formen. In China aber baute man damit verschiedene Getreidesorten an – im Norden Hirse, im Süden Reis.

BRONZEAXT
Diese rituelle Axt heißt *Yüeh*. Mit ihr wurden Menschenopfer bei Begräbnissen enthauptet. Solche Äxte sind oft reich verziert. Durch die Löcher läßt sich der zugehörige Holzstiel leichter festbinden.

Schneide

BRONZEHELLEBARDE
Die Hellebarde war die gebräuchlichste Waffe im alten China. Diese eher einfache Ausführung war für den Kampf bestimmt. Wie die anderen hier abgebildeten Bronzehellebarden stammt auch diese aus der Schang-Dynastie (16. – 11. Jh. v. Chr.).

Schneide

DIE CHINESISCHE MAUER
Um 350 – 200 v. Chr. wurde über eine Strecke von etwa 2450 km entlang Chinas Nordgrenze diese Mauer gebaut. Heere von Arbeitern wurden für den Bau des Grenzwalls zum Schutz gegen die nördlichen Grenzvölker benötigt.

TERRAKOTTAKRIEGER
246 – 210 v. Chr. arbeiteten über 700 000 Zwangsarbeiter am Grab von Ts'in Schihuangti, eines der größten chinesischen Kaiser. Grabwache hielten über 7500 Terrakottakrieger, von denen jeder sich von den anderen unterschied.

Alte Währungen

GOTT DES GELDES
Dieses Relief zeigt die Göttin Demeter und ihren Sohn Pluto, dem griechischen Gott der Reichtümer.

Wenn wir an Geld denken, haben wir meist Münzen und Banknoten vor Augen, doch diese Art von Währung war nicht immer und ist auch heute noch nicht überall gebräuchlich. So wurde und wird mit den verschiedenartigsten Dingen bezahlt, von kleinen Schneckengehäusen bis zu großen durchlöcherten Steinen. Die häufigste und einfachste Art des Handels war der Tauschhandel, wo eine Ware gegen eine andere getauscht wurde. In vielen Völkern ohne Währung spielte das Schenken eine große Rolle. Manche wertvolle Gegenstände wurden in regelmäßigen Abständen als Geschenk weitergegeben. Mit großen Zahlungsmitteln wie Lochsteinen oder Vieh wurden wahrscheinlich persönliche Verluste ausgeglichen, z. B. wenn jemand getötet wurde oder wenn eine Braut das Elternhaus verließ. Auch als vor 2500 Jahren allgemein gebräuchliche Münzen geprägt wurden, gab es zumindest in solchen Fällen noch andere Zahlungsformen. Die meisten hier abgebildeten Beispiele für Zahlungsmittel stammen aus neuerer Zeit.

CHINESISCHE WÄHRUNG
In China wurde die Münzprägung unabhängig von der westlichen Welt erfunden, allerdings erst später, im 5. Jh. v. Chr. Die ersten Münzen ähnelten kleinen Messern, spätere waren rund.

Geld in Messerform war vor Ts'in Schihuangti in China gebräuchlich.

NUTZGELD
Die Chinesen zahlten nicht nur mit Münzen, sondern auch mit Nahrungsmitteln, besonders mit Reis.

ZAHNGELD
Diese Halskette aus Papua-Neuginea besteht aus Hundeeckzähnen, die auf ein Lederband gebunden sind. Die Kette hatte die gleiche Aufgabe wie die afrikanische Kette (oben rechts).

GELDBÖRSE
Kaurischnecken wurden seit vorgeschichtlicher Zeit als Zahlungsmittel verwandt. Diese Korbbörse für Kaurischnecken stammt vom zentralafrikanischen Kongo.

Quarzsteine

SCHMUCKGELD
Diese Halskette ist kein einfaches Schmuckstück. Die Perlen aus gelochten Quarzsteinen wurden auch als Zahlungsmittel verwandt. Die Kette kommt aus Emboni, Ghana.

SPIELGELD
Das Glücksspiel ist so alt wie das Geld, so daß auch Jetons eine lange Tradition haben. Diese fast 2000 Jahre alten, verzierten Porzellanspielmarken kommen aus Hongkong.

Der Stein hat einen Durchmesser von ca. 60 cm. Es gab aber auch 2m-Geldsteine.

MÜHLSTEINGELD
Auf Yap, einer Insel nördlich von Neuguinea, wurden Kalksteine als Zahlungsmittel benutzt.

Kaurischnecken aus Indien

Die Scheibe hat einen Durchmesser von etwa 23 cm.

KEIN TASCHENGELD
In den Naya-Bergen, hoch oben im Himalaya, benutzte man solche Metallscheiben als Zahlungsmittel. Diese ist relativ klein und nur halb so viel wert wie die gebräuchlichere große Scheibe.

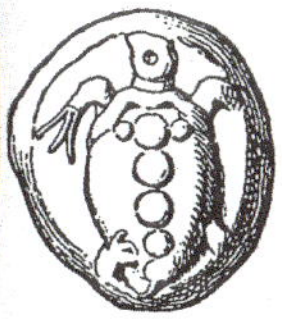

DIDRACHME
Griechische Münze aus Ägina mit dem Symbol der Stadt, der Schildkröte

Mittelamerikaner

Die Besiedlung Amerikas erfolgte vor etwa 15000 Jahren, als Großwildjäger aus Sibirien ihrer Beute über die damals vorhandene Gletscherbrücke in der Behringstraße nach Alaska folgten. Diese Menschen zogen weiter nach Süden und entwickelten sich ohne Kontakt zur Alten Welt. Um 6000 v. Chr. wurden in Mittelamerika Nutzpflanzen, u. a. Getreide, angebaut (in Mexiko, Guatemala, El Salvador und Belize). Langsam entstanden verschiedene Hochkulturen mit bedeutenden Kultstätten mit Tempeln, Palästen und Märkten. Auch rituelle Ballspiele auf speziell dafür angelegten Plätzen fanden statt. Zu den religiösen Riten, die auch hier eine große Rolle spielten, gehörten auch Menschenopfer. Die Bilderschrift mancher Kulturen konnte erst in neuester Zeit entschlüsselt werden. Ihren Höhepunkt erreichten diese Zivilisationen um 300 – 900 n. Chr., danach gingen sie unter. Es folgten verschiedene Reiche wie das der Azteken, das die Spanier 1519 vorfanden und zerstörten.

PFEIFE
Die Tonpfeife kommt aus Guatemala und soll einen stilisierten Vogel darstellen.

KERAMIK
Diese verzierte Tonscherbe von etwa 500 n. Chr. kommt aus Teotihuacán, der damals größten Stadt Mexikos.

STEINKOPF
Dieser Sandsteinkopf aus Seibal, Guatemala, (klassische Zeit, 300 – 900 n. Chr.) war Teil eines Tempelreliefs.

KALENDERSTEIN
Der Kalender spielte eine große Rolle im täglichen Leben der Azteken. Jeder Tag hatte sein gutes oder böses Schicksal, jeder Monat seine eigenen Zeremonien. Es gab zwei verschiedene Jahre mit 260 bzw. 365 Tagen, beide hatten 20-Tage-Monate.

TEMPELRELIEFS
Auf diesem typischen, klassischen Tempelrelief aus dem Tempel von Xochicalco sind Tiere, Menschen, symbolisch verschlungene Schlangen und Götterbilder dargestellt.

BESTATTUNGSURNE *rechts*
Im Tal von Oaxaca in Mexiko hatte die Monte Albán-Kultur zwischen 300 und 900 n. Chr. ihre Blüte. Die Asche der Verstorbenen wurden in solchen Tonurnen bestattet und in Gräbern beigesetzt, die mit Fresken in leuchtenden Farben geschmückt waren. Diese Urne stellt einen sitzenden Gott dar, dessen kunstvoller Kopfschmuck sein Namenssymbol trägt.

GRÜNSTEINMASKE
Die früheste mexikanische Zivilisation war die der Olmeken, die in der Golfregion lebten. Die Olmeken sind besonders für ihre Steinskulpturen bekannt. Diese Grünsteinmaske zeigt die Stilrichtung der Zeit von 300 vor bis 30 nach Christus.

ARCHITEKTUR
Die steilen Pyramidentempel gehören zu den eindrucksvollsten Zeugnissen der frühen mittelamerikanischen Kulturen. Dieser alte Stich zeigt einen solchen Tempel, den man im tiefsten Dschungel bei Tuzapan entdeckte.

MAYAFLINT
Der Zweck dieses Feuersteingeräts der Maya, einer Grabbeigabe, ist unbekannt. Solche seltsamen, komplizierten Gegenstände waren wahrscheinlich wertvoll, da die Herstellung eine große Kunstfertigkeit erforderte.

Nordamerikaner

INDIANISCHE KRIEGER
Kriegsführung und Pferdediebstahl prägten das Leben der Prairieindianer.

Seit Kolumbus nennt man in Europa die Ureinwohner Amerikas „Indianer“. Dieser gemeinsame Name ist irreführend, denn es handelte sich bei den Menschen in Amerika nicht um Angehörige einer Nation. Die verschiedenen Stämme der Ureinwohner lebten in so unterschiedlichen Gebieten wie der Arktis und den Wüsten des Südwestens und hatten dementsprechend auch sehr unterschiedliche Lebensformen. Die Cree im Norden jagten Moschusochsen und Karibus, die Huronen und Irokesen im Nordosten lebten hauptsächlich von Ackerbau. Im Nordwesten lebten Fischerstämme, die gefürchteten Apachen waren Bauern im Südwesten. Die meisten der hier abgebildeten Gegenstände stammen von Stämmen aus den Ebenen des Mittelwestens. Bevor die Europäer kamen, trieben manche dieser Stämme auf den fruchtbaren Böden entlang der Flüsse Ackerbau, andere lebten von der Büffeljagd. Zu Reitern wurden die Indianer erst nach der Einbürgerung des Pferdes aus Europa. Die großen Büffelherden wurden nun für die Prairieindianer lebenswichtig, sie konnten ihr Fleisch essen, aus ihren Häuten Kleidung und Wigwams fertigen und aus ihren Knochen Werkzeuge herstellen. Die Indianerkriege haben Amerikas Ureinwohner überlebt, doch nur wenige leben noch heute nach ihren alten Traditionen. Die meisten aber sind sehr stolz auf ihre Vorfahren.

STEINDOLCH
Vor der Ankunft der Europäer waren alle Indianderwaffen und Werkzeuge aus Stein. Solche Dolche mit Steinklingen dienten zum Kämpfen und Skalpieren und als Rangzeichen.

MÄNNERMOKASSINS
Dieses Paar Schuhe von den Schwarzfußindianern ist ganz mit blauen Glasperlen bestickt. Ebenso wie die übrige Kleidung waren Mokassins, die wohl typischsten Kleidungsstücke der nordamerikanischen Indianer, oft reich verziert.

NOMADENLEBEN
Während die Männer in der Prairie jagten, blieben die Frauen in den Wigwamcamps. Sie kochten, webten und kümmerten sich um die Kinder.

HÄUPTLINGS-KOPFSCHMUCK
Dieser Kopfschmuck mit Federn und Fell gehörte dem letzten Häuptling der Arapaho, Gelbes Kalb.

SCHABWERKZEUG
Häute wurden mit Schabwerkzeugen, Metall- bzw. zuvor Feuersteinklingen in einem Knochenschaft, bearbeitet.

BEMALTES LEDER
Diese Tierhaut ist mit farbigen Federzeichnungen von Kriegern zu Pferde verziert, die Bogenschützen mit Speeren angreifen. Die Reiter tragen reichen Federschmuck. Dieses Leder ist etwa 2 m lang und gehörte einer Sioux- oder Crowsippe.

Pferdehaar

Federn zeigen Jagd- und Kriegserfolge an.

ERDWOHNUNG
Manche Stämme legten tiefe Gruben an und bauten ein Dach darüber. Die Abbildung zeigt solch eine Behausung, eine Manda-Erdwohnung, aus dem 19. Jahrhundert.

Archäologie

Archäologie ist der einzige Weg zum Studium der ganz frühen Völker, denn schriftliche Zeugnisse liegen nur für einen kleinen Abschnitt der Menschheitsgeschichte vor. Die moderne archäologische Forschung hat nichts mit der Suche nach legendären Reichtümern in versunkenen Städten zu tun, die früher das Bild der Archäologie geprägt hat. Heute arbeiten Archäologen mit den neuesten wissenschaftlichen Methoden, um alte Kulturen zu entdekken, auszugraben und die Funde zu untersuchen. Jede Tonscherbe, jedes Insekt, Pflanzen und Tiere sind dabei wichtige Funde, die wertvolle Informationen über die alte Gesellschaft geben können. Archäologie bedeutet nicht nur Ausgraben. Untersuchung und Auswertung des gefundenen Materials und seine Vorbereitung zur Publikation nehmen sehr viel Zeit in Anspruch. Nach der Veröffentlichung werden Notizen und Funde in einem Museum ausgestellt oder aufbewahrt.

AUSGRABUNGSSTÄTTE
Im Gegensatz zu Schatzsuchern legen die Archäologen heute bei den Ausgrabungen wie dieser Fundstätte früher Hominiden bei Sterkfontain in Südafrika auf ein genaues Protokoll aller Funde in vertikaler und horizontaler Anordnung Wert.

MASS-STÄBE
Fotografische Protokolle sind wichtige Hilfsmittel bei Ausgrabungen. Die Maßstäbe dienen zum Einschätzen der Größe von fotografierten Gegenständen.

DAS WERK VON TAUSENDEN
Giovanni Belzoni war einer der ersten, die ägyptische Altertümer in den Westen brachten. Als rücksichtsloser Schatzsucher zerstörte er dabei interessantes Material.

Kelle

Kleine massive Grabfläche aus Stahl

Baumwollhandschuhe

Farbpinsel

Zahnbürste

Maßstäbe

REINIGEN
Die Fundgegenstände werden an Ort und Stelle mit den verschiedensten Pinseln und Bürsten gereinigt.

KELLE UND HANDSCHUHE
Die Kelle ist das wichtigste Werkzeug für Ausgrabungen. Handschuhe dienen zum Umgang mit zarten Gegenständen.

ie einzelnen Nadeln eichnen die Form des egenstandes ach.

KARTEIKARTEN
Sie dienen zum Registrieren aller Funde.

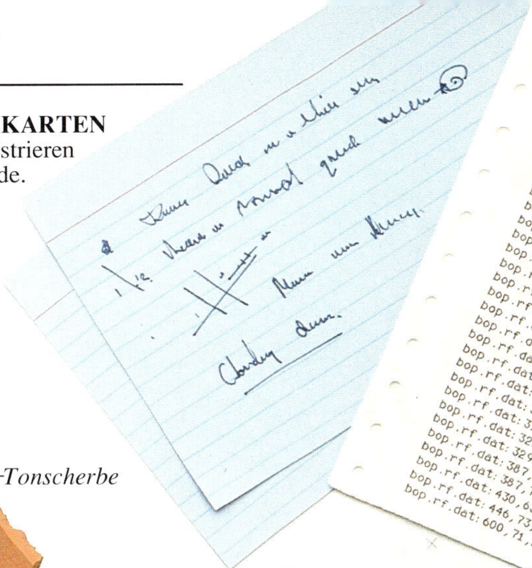

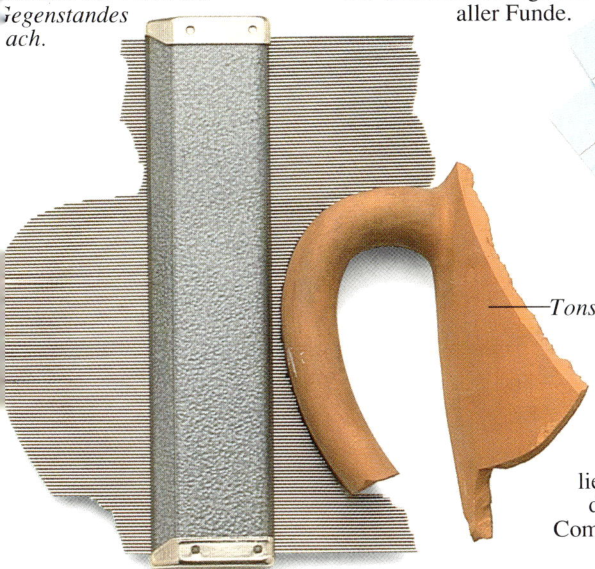

Tonscherbe

COMPUTER-AUSDRUCK
Die meisten Ausgrabungen liefern eine solche Datenfülle, daß man sie am besten mit Computern auswerten kann.

Zeichenstifte

GRÖSSE UND FORM
Ein wichtiger Teil der Auswertung besteht im Festhalten und Datieren von Funden wie dieser Scherbe eines Tonkrugs. Eine Profillehre hilft beim Nachzeichnen von Gegenständen mit rundlichen oder unregelmäßigen Formen.

GREIFZIRKEL
Diese Meßlehre benötigt man für Funde mit schwer nachmeßbaren Formen und Dicken.

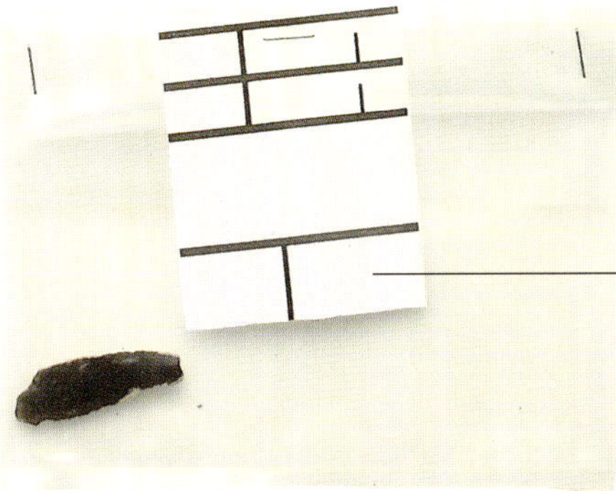

Etiketten zum Protokollieren der Fundumstände

Farbstifte

EINTÜTEN EINES FUNDES
Die Fundgegenstände werden einzeln in Plastikbeuteln aufbewahrt. Auf den Etiketten sind die genauen Fundumstände protokolliert.

LAGEPLAN
Jeder Fund wird an Ort und Stelle in einen Lageplan eingetragen. Nach Beendigung der Ausgrabungsarbeiten werden diese Pläne für die Veröffentlichung mit Tusche nachgezeichnet und und mit Farbmarkierungen versehen.

ENTDECKER TROJAS
Heinrich Schliemann (1822 – 90) suchte nach Beweisen dafür, daß das Troja der Sagen Homers einen realen Hintergrund hatte. Er fand sie, allerdings grub er zuerst durch die entsprechenden Schichten hindurch und entdeckte die Reste noch älterer Städte.

USMESSEN
enaues Ausmessen ist in der Archäologie sehr wichtig. Hier ißt ein Anthropologe den Schädel eines frühen Hominiden, es *Australopithecus boisei*, aus. Die kleinsten Unterschiede in er Schädelform können Aufschluß über eine Stellung im volutionsprozeß geben.

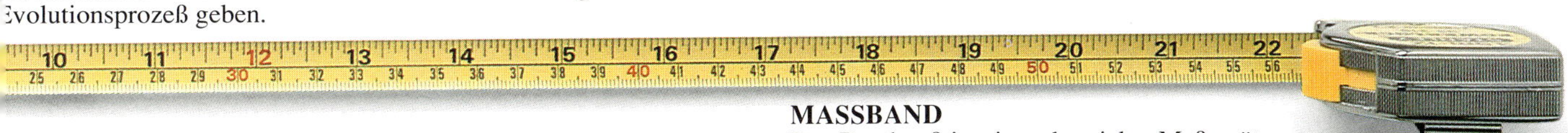

MASSBAND
Das Bandmaß ist eines der vielen Meßgeräte, die moderne Archäologen verwenden.

Register

Bildnachweis

o = oben, u = unten, r = rechts, l = links, m = Mitte

Angela Murphy: 7 u, 23 ml
Bridgeman Art Library: 62 ml
British Museum (Natural History): 6 r, 15 ul, 19 um
Bruce Coleman: 7 um, 10 l, 62 or, 63 ur
Mansell Collection: 8 ml, 8 ur, 17, 27 um, 33 ol, 36 lm, 38 m, 41 rm, 42 ol, 43 rm, 46 lm
Mary Evans Picture Library: 9 or, 16 ol, 20 or, 21 um, 22 ur, 25 ur, 26 ol, 30 ml, 31 ur, 32 ur, 35 m, 41 or, 51 ur, 52 m, 53 ol, 54 m
Museum of London: 24 um, 25 ol, 47 m, 48 ul
Peter Newark`s Historical Pictures: 24 ol, 25 ml, 28 om, 49 ur, 60 ol, 60 ur, 61 ur
Ronald Sheridan`s Photo-Library: 22 or, 38 ol, 50 ol, 55 r, 63 ur
Topham Picture Library: 10 ul

Illustrationen:
John Woodcock
John James
Mark Bergin